부의 자율주행

하류 인생을 거슬러 부의 상류로 도약하라

AI 머니(이진재) 지음

부의 자율주행

하류 인생을 거슬러 부의 상류로 도약하라

AI 머니(이진재) 지음

모티브

PART 1.
AI 머니 플로우: 하류 인생을 거슬러 부의 상류로 도약하라

PART 2.
부의 자율주행: 언제까지 직접 뛸 것인가?

왜 노력해도 제자리일까요?
물길만 바꿔도 인생이 바뀝니다

우리는 지금까지 '성공하려면 남들보다 더 열심히 뛰어야 한다'고 배워왔습니다. 하지만 현실에서 마주하는 인생은 우리가 상상하는 정직한 운동장과는 거리가 멉니다. 냉정하게 말해, 당신이 서 있는 곳은 위가 아니라 아래를 향해 빠르게 내려가는 고속 에스컬레이터 위입니다. 당신이 시속 5km의 속도로 위를 향해 필사적으로 달리고 있어도, 에스컬레이터가 똑같은 속도로 내려가고 있다면 당신의 위치는 결국 제자리입니다. 숨이 턱 끝까지 차오르고 비 오듯 땀을 흘려도 풍경이 바뀌지 않는 이유가 바로 이것입니다. 당신의 노력이 부족해서가 아니라, 당신이 서 있는 지형 자체가 당신을 아래로 끌어내리고 있기 때문입니다.

더 무서운 사실은 이 에스컬레이터 위에서 달리기를 멈추는 순간입니다. 퇴사, 질병, 혹은 잠깐의 휴식조차 이 지형에서는 곧바로 '추락'을 의미합니다. 내가 움직이지 않으면 곧바로 가난이라는 아래층으로 실려 내려가는 구조, 이것이 바로 우리가 그토록 열심히 살면서도 늘 불안에 떨 수밖에 없는 근본적인 원인입니다. 많은 사람이 이 굽이치는 물살과 싸우기 위해 체력을 기르고 노 젓는 법을 배우지만, 상류의 설계자들은 전혀 다른 결단을 내립니다. 그들은 에스컬레이터를 거슬러 올라가는 무의미한 질주를 멈추고, 목적지까지 자신을 편안하게 실어다 줄 **'엘리베이터'**를 직접 설치하기로 마음먹습니다. 이것이 바로 인생의 물길을 바꾸는 것이며, 운명을 재설계하는 시스템의 시작입니다.

인생의 물길을 직선으로 펴준다는 것은, 당신의 소중한 에너지를 갉아먹는 불필요한 '우회로'들을 과감하게 삭제하는 행위입니다. 우리가 매일 처리하는 수많은 업무 중에는 정작 부의 축적과는 상관없는 소모적인 일들이 너무나 많습니다. 정보 검색에 허비하는 시간, 단순한 자료 정리, 반복적인 타이

핑 같은 일들은 당신의 인생을 구불구불하게 돌아가게 만드
는 비효율의 곡류들입니다. 인공지능은 이 지루한 구간들을
단 1초 만에 직선으로 펴주는 강력한 굴착기입니다. 직접 물
을 퍼 나르는 수고로움을 멈추고, 한 번 깔아두면 알아서 흐르
는 파이프라인을 설치하십시오. AI라는 지치지 않는 관리자
가 당신의 파이프를 지키는 동안, 당신의 인생은 비로소 제자
리걸음을 멈추고 목적지를 향해 직진하기 시작할 겁니다.

결국 핵심은 당신이 고통을 대하는 태도에 있습니다. 많은
이들이 일을 하며 느끼는 근육통과 피로를 부자가 되기 위한
훈장처럼 여기지만, 사실 그것은 '**내 인생에 시스템이 없다**'는
위험 신호일 뿐입니다. 지능형 자본가는 자신의 몸뚱이가 뜨
거워지는 대신, 인공지능의 엔진이 뜨겁게 돌아가게 만듭니
다. "오늘 얼마나 더 일해야 하지?"라는 생존의 고민을 "이 수
익 엘리베이터를 몇 대 더 설치할까?"라는 확장의 고민으로
바꾸는 순간, 당신의 경제적 신분은 노동자에서 설계자로 격
상됩니다. 물길이 바뀌면 배의 속도가 바뀌고, 배의 속도가 바
뀌면 당신이 도달할 영토의 넓이가 바뀝니다.

이제 낡은 지도를 접고 당신만의 부의 대수로를 건설하십
시오. 남들이 굽이치는 물살에서 허우적댈 때, 당신은 당신이
만든 직선의 경로 위에서 자율주행하며 여유롭게 상류의 풍

경을 감상하게 될 것입니다. 당신의 운명은 당신이 노를 젓는 힘이 아니라, 당신이 설계한 물길의 모양에 따라 결정됩니다. 이제 당신의 몸 대신 AI의 엔진을 가동하십시오. 그것이 거꾸로 가는 에스컬레이터에서 내려와 부의 최상층으로 단숨에 도달하는 유일한 방법입니다.

PART 1

AI 머니 플로우:

하류 인생을 거슬러
부의 상류로 도약하라

우리는 지금 거대한 부의 강물 한복판에 서 있습니다.

어떤 이는 그 강물에 휩쓸려 내려가지 않기 위해 필사적으로 돌을 움켜쥐고 있고,

어떤 이는 그저 강물이 흘러가는 대로 몸을 맡긴 채 하류로 떠내려갑니다.

하지만 부의 상류를 점령한 이들은 다릅니다.

그들은 강물 위를 유유히 떠다닐수 있는 배를 만들고,

그 배에 강력한 엔진을 달아 남들이 상상하지 못하는 속도로 전진합니다.

파트 1에서는 우리가 왜 지금까지 하류의 늪에서 벗어나지 못했는지,

그리고 인공지능이라는 도구가 어떻게 우리 인생의 물길을

완전히 바꿔놓을 수 있는지 그 본질적인 철학을 다룹니다.

가만히 있으면 떠내려가는 시대 : 하류 인생의 중력

현 시대의 아침은, 과거와는 전혀 다른 공기로 우리를 맞이합니다. 단순히 기술이 좋아진 세상이 아닙니다. 우리가 알고 있던 '성실함'의 정의가 완전히 뒤바뀐 시대입니다. 예전에는 남들만큼 일하고 남들만큼 저축하면 적어도 제자리는 지킬 수 있었습니다. 하지만 지금은 다릅니다. 당신이 지금 가만히 서 있다면, 당신은 멈춰 있는 것이 아니라 무서운 속도로 뒤로 밀려나고 있는 중입니다. 인플레이션이라는 거대한 파도와 인공지능이라는 초고속 조류가 당신을 '하류'로 끌어내리는 강력한 **중력**으로 작용하고 있기 때문입니다.

하류 인생의 중력 법칙 : 버티는 것조차 투쟁인 시대

우리는 지금 하류 인생의 중력 법칙이 지배하는 공간에 살고 있습니다. 중력은 위에서 아래로 끌어당기는 힘입니다. 경제적으로 말하자면 **물가는 천정부지로 솟구치는데 내 노동력의 가치는 바닥을 향해 떨어지는 경제적 하강 기류**라고 할 수 있습니다. 매일 아침 당신의 통장에 찍힌 숫자는 그대로일지 모르지만, 그 숫자의 실제 가치는 실시간으로 녹아내리고 있습니다. 현 시대의 인플레이션은 단순히 물가가 오르는 수준을 넘어, 당신의 미래를 미리 가불해 가는 약탈적 성격을 띱니다. 기술이 발전할수록 인간의 육체적 노동과 단순한 정신적 노동은 기계로 빠르게 대체됩니다. 당신의 노동력이 시장에서 갖는 희소성은 매일 낡아가고 있으며, 이는 곧 당신의 몸값이 중력에 이끌려 하락하고 있음을 의미합니다. 열심히 일하면 잘 살 수 있다는 말은 이제 위험한 조언이 되었습니다. 그것은 중력에 정면으로 맞서 맨몸으로 버티라는 말과 다를 바 없기 때문입니다.

거꾸로 가는 에스컬레이터와 노동의 인플레이션

인생은 이제 **거꾸로 움직이는 고속 에스컬레이터** 위에서 달리는 것과 같습니다. 당신이 시속 5km로 앞으로 뛰고 있는데 바닥이 시속 5km로 뒤로 움직인다면 당신은 결국 제자리일 뿐입니다. 생활비, 교육비, 주거비는 당신의 연봉 인상 속도를 비웃듯 앞서 나갑니다. 당신이 쉴 때 누군가는 이미 인공지능을 도구 삼아 당신이 일주일 걸릴 일을 단 한 시간 만에 끝내고 있습니다. 상대적 퇴보가 절대적 가난으로 이어지는 구조입니다. 남들만큼 해서는 뒷걸음질뿐입니다. 하류에서 벗어나기 위해서는 에스컬레이터의 속도보다 최소한 두 배는 빠르게 움직여야 하는데, 이는 인간의 체력으로는 불가능에 가깝습니다. 이것이, 우리가 자책할 일이 아니라 구조의 문제임을 직시해야 하는 이유입니다.

더불어 인공지능은 **지식의 희소성을 완전히 파괴**했습니다. 과거에는 특정 정보를 알고 있거나 간단한 코딩을 하거나 외국어를 번역하는 능력이 고부가가치 노동으로 대접받았습니다. 하지만 지금은 어떻습니까? 초등학생도 인공지능 툴 하나로 전문가 수준의 요약본을 만들고 이미지를 생성하며 코드를 짜냅니다. 누구나 할 수 있는 일은 더 이상 돈이 되지 않습니다. 인공지능 덕분에 단순 지식 노동의 결과물이 시장에 쏟아져 나오면서 인간이 직접 공들여 만든 결과물의 가치조차 하향 평준화되고 있습니다. 이것이 바로 **노동의 인플레이션**

입니다. 화폐가 흔해지면 가치가 떨어지듯 인공지능으로 대체 가능한 노동이 흔해지면서 당신의 숙련도가 시장에서 평가절하당하고 있는 것입니다.

중력을 이기는 설계자의 선택 : 근육 대신 엔진을 장착하라

중력에 저항하기 위해 당신의 근육, 즉 노동력을 키우는 데만 집중한다면 당신은 결국 지쳐 쓰러질 것입니다. 중력을 이기고 대기권 밖으로 날아오르는 로켓은 조종사의 팔근육으로 움직이는 게 아니라, 강력한 외부 동력인 **시스템**으로 움직입니다. 직접 노를 저어 배를 움직이는 사공이 아니라 엔진을 관리하고 항로를 결정하는 설계자가 되어야 합니다. 인공지능을 나의 경쟁자로 두는 것이 아니라, 나를 하류에서 들어 올려 줄 강력한 양력으로 활용해야 합니다.

가만히 있으면 떠내려가는 시대에서 이제 당신은 선택해야 합니다. 무거운 중력을 온몸으로 견디며 서서히 침몰할 것인가, 아니면 이 시대의 조류를 이용해 자신만의 부의 엔진을 가동할 것인가를 말이죠. 당신의 근육통은 당신을 구원하지 못합니다. 오직 당신이 설계한 시스템만이 당신을 상류로 실어 나를 것입니다.

부의 상류에는 누가 살고 있는가?
소유주와 설계자의 세계

경제적 계급을 나누는 기준은 이제 통장 잔고의 액수가 아닙니다. 그보다는 '돈의 흐름과 어떤 관계를 맺고 있는가'가 훨씬 더 본질적인 질문이 됩니다. 우리가 살고 있는 이 거대한 자본의 강줄기에서, 누군가는 쏟아지는 물을 그저 바라보며 목을 축이는 데 급급하고, 누군가는 그 물살을 견디며 노를 젓느라 지쳐가며, 또 다른 누군가는 강물 위에 거대한 댐을 세우고 물길을 돌려 전기를 생산합니다. 상류의 주민들은 단순히 운이 좋은 사람들이 아닙니다. 그들은 세상을 바라보는 눈 자체가 우리와 다릅니다.

부의 생태계 지도 : 당신은 강물의 어느 지점에 서 있는가

이 생태계의 가장 낮은 곳인 **하류에는 소비자**들이 살고 있습니다. 이들은 흐름을 만드는 자들이 던져주는 미끼를 가장 먼저 무는 존재들입니다. 인공지능이 추천해 주는 영상을 보고, 알고리즘이 제안하는 물건을 사며, 자신의 소중한 주의력과 시간을 기꺼이 지불합니다. 하류의 주민들은 자신들이 시스템의 주인이라고 착각하기 쉽지만, 사실 그들은 상류의 설계자들이 설계해 놓은 거대한 머니 플로우에 에너지를 공급하는 배터리 역할을 수행할 뿐입니다.

그 위쪽 **중류에는 노동자**들이 있습니다. 이들은 하류의 소비자들보다는 생산적인 활동을 하지만, 여전히 치명적인 한계를 가지고 있습니다. 바로 자신의 물리적인 시간을 돈과 맞바꾼다는 점입니다. 중류의 주민들은 성실하게 노를 젓지만, 노 젓기를 멈추는 순간 배도 멈춘다는 공포에 시달립니다. 이들은 기술을 배워 자신의 몸값을 높이려 애쓰지만, 그 기술이 인공지능으로 대체되는 순간 자신의 존재 가치가 위협받는다는 비극적 운명을 타고났습니다.

가장 높은 곳인 **상류에는 설계자와 소유주**들이 거주합니다. 이들은 직접 노를 젓지 않습니다. 대신 물길이 어디로 흘러야 하는지를 결정하고 그 길목에 파이프라인을 매설합니다. 상류의 주민들은 인공지능을 경쟁자로 보지 않고, 자신을 대신해 24시간 쉬지 않고 일해줄 충직한 노예 군단으로 인식합니다. 그들에게 세상은 거대한 퍼즐 판이며, 인공지능은 그 퍼즐을 맞추는 가장 효율적인 도구일 뿐입니다.

설계자의 시선 : 기술을 배우지 않고 기술을 배치하라

중류의 노동자들이 인공지능 사용법을 배우느라 밤을 지새울 때, 상류의 설계자들은 '**어떤 기술을 어디에 배치할 것인가**'를 고민합니다. 그들은 코딩 문법을 외우거나 복잡한 알고리즘의 원리를 파고들지 않습니다. 대신 인공지능이라는 벽돌공에게 어떤 집을 지으라고 지시할지, 그 조감도를 그리는 데 에너지를 쏟습니다. 설계자의 시선은 언제나 실무라는 흙탕물 너머, 전체 시스템이 가져올 수익의 구조를 향해 있습니다.

"지능형 자본가는 도구의 하인이 아니라
도구의 지휘관이 되는 길을 선택합니다.
기술 그 자체보다 기술이 만들어낼 가치의 흐름을
통제하는 것이 상류로 가는 유일한 열쇠입니다."

소유의 개념 재정의 : 인공지능 파이프라인이라는 새로운 금맥

지금 현재, 소유의 개념은 완전히 바뀌었습니다. 과거의 부자들이 땅과 건물을 소유했다면, 새로운 상류의 주민들은 '**자동화된 인공지능 파이프라인**'을 소유합니다. 부동산은 세금을 내야 하고 관리가 필요하며 환금성이 떨어질 수 있지만, 잘 설계된 인공지능 시스템은 잠든 사이에도 전 세계를 대상으로 달러와 비트코인을 낚아 올립니다. 이것은 소멸하지 않는 디지털 부동산이자, 관리비가 거의 들지 않는 무인 공장과 같습니다.

부동산과 주식을 넘어서는 이 강력한 자산은 복제의 마법까지 부립니다. 한 번 성공한 인공지능 수익 모델은 클릭 몇 번으로 수백 개로 복사되어 전 세계의 다른 시장으로 침투합니다. 상류의 주민들은 이제 건물주가 아니라 '**시스템주**'가 되기를 꿈꿉니다. 노동의 한계가 사라진 이 무한 복제의 시대에, 인공지능 파이프라인은 인류 역사상 가장 높은 수익률을 보장하는 자산이 되었습니다.

**상류의 규칙 : 시간을 팔아 돈을 벌지 않고
시스템을 팔아 시간을 산다**

상류의 삶을 관통하는 단 하나의 황금률은 '**시간의 주권**'입니다. 하류와 중류의 주민들이 돈을 벌기 위해 자신의 귀한 시간을 기꺼이 내놓을 때, 상류의 설계자들은 돈을 지불해서라도 타인의 시간과 인공지능의 연산 능력을 삽니다. 그들은 자신의 시간이 노동에 묶여 있는 것을 수치로 여기며, 어떻게 하면 자신의 개입 없이도 시스템이 스스로 숨 쉬고 성장하게 만들지 연구합니다.

결국 상류로 간다는 것은 단순히 부자가 된다는 의미를 넘어, 내 인생의 주도권을 완벽하게 회복한다는 뜻입니다. 시스템을 팔아 확보한 그 귀한 시간으로 그들은 더 거대한 설계를 하거나, 사랑하는 이들과 시간을 보내거나, 혹은 아무것도 하지 않을 자유를 만끽합니다. 당신이 지금 이 글을 읽고 있는 이유도 결국 그들처럼 자신의 시간을 온전히 자신의 것으로 되찾기 위함일 것입니다.

연어처럼 거슬러 올라갈 것인가,
엔진을 달 것인가

우리는 흔히 성공을 위해 '노력'이라는 제단을 쌓고 그 위에 자신의 시간을 제물로 바칩니다. 잠을 줄이고, 취미를 포기하고, 본업이 끝난 뒤 또 다른 노동에 몸을 던지는 '허슬(Hustle)' 문화는 마치 현대인의 훈장처럼 여겨지기도 하죠. 하지만 냉정하게 말해봅시다. 단순히 열심히 하는 것만으로 부의 상류에 도달할 수 있었다면, 세상에서 가장 부유한 사람은 가장 오래 일하는 노동자여야 합니다. 하지만 현실은 그렇지 않습니다. 당신에게 필요한 것은 더 강한 의지력이 아니라, 당신의 노력을 수만 배로 증폭시켜 줄 **강력한 엔진**입니다.

연어의 비극 : 온몸을 던지는 N잡러의 한계

매년 수많은 연어가 거센 물살을 거슬러 상류로 향합니다. 그들은 폭포를 뛰어넘고 바위에 부딪히며 온 힘을 다해 전진합니다. 장엄해 보이지만, 그 끝은 대개 비극적입니다. 목적지에 도달한 연어들은 모든 에너지를 소진한 채 서서히 죽음을 맞이합니다. 이것이 바로 오늘날 수많은 'N잡러'들이 마주한 현실입니다.

퇴근 후 배달 알바를 하고, 주말에 편의점 스태프로 일하며, 틈틈이 단순 데이터 라벨링에 매달리는 삶은 연어의 항해와 닮아 있습니다. 몸을 갈아 넣어 물살을 거스르려 하지만, 그 과정에서 정작 자신을 돌볼 에너지는 증발해 버립니다. 노동으로 번 돈은 약값과 스트레스 해소비용으로 새어나가고, 결국 체력이 바닥나는 순간 당신의 경제적 전진도 멈추게 됩니다. 근육으로 물살을 이기려는 시도는 본질적으로 지속 가능할 수 없는 **연어의 항해**일 뿐입니다.

노력의 가스라이팅 : "무조건 열심히"라는 말의 함정

우리 사회는 오랫동안 "무조건 열심히 하면 부자가 된다"는 달콤한 거짓말로 대중을 가스라이팅해 왔습니다. 하지만 이 말 뒤에는 치명적인 비효율성이 숨어 있습니다. 설계자의 시선에서 볼 때, 방향이 틀린 노력은 정지된 벽을 밀고 있는 것과 같습니다. 땀은 흐르지만 벽은 움직이지 않습니다.

성공한 사람들은 노력을 찬양하지만, 정작 그들이 부를 축적한 결정적인 순간에는 언제나 '레버리지(Leverage)'가 존재했습니다. 그들은 자신의 시간이 아닌 타인의 시간, 자본, 혹은 기술이라는 지렛대를 사용했습니다. 지금 현재, 그 지렛대 중 가장 강력하고 저렴한 것이 바로 인공지능입니다. "열심히 일해라"라는 말에 속아 자신의 몸을 소모품으로 쓰지 마십시오. 부의 상류로 가는 길은 체력장이 아니라 지능적인 엔진 배치 싸움입니다.

엔진으로서의 AI : 1명이 100명의 일을 하는 레버리지의 실체

이제 인공지능은 단순히 신기한 도구가 아니라, 당신의 배에 장착할 **초고성능 엔진**입니다. 엔진을 단 배는 물살을 거스르는 데 힘을 쓰지 않습니다. 오히려 물살의 저항을 비웃으며 가볍게 수면 위를 미끄러져 나갑니다. 인공지능이라는 엔진을 장착한 1명의 개인은 과거 100명의 직원을 거느린 중소기업 사장보다 더 큰 생산성을 발휘할 수 있습니다.

- 인공지능은 당신이 잠든 사이에도 전 세계의 데이터를 수집하고 분석합니다.
- 당신이 며칠을 고민할 기획안을 단 몇 분 만에 수십 가지 버전으로 쏟아냅니다.
- 복잡한 영상 편집, 코딩, 마케팅 문구 작성을 지치지 않고 수행합니다.

이것이 레버리지 기술의 실체입니다. 당신은 이제 직접 노를 젓는 사공이 아니라, 엔진의 회전수(RPM)를 조절하고 전체적인 항로를 결정하는 **조종사**가 되어야 합니다. 엔진이 강할수록 당신의 사소한 움직임은 거대한 추진력으로 변환됩니다.

전환점 : 노동 부업에서 무인 자동화 엔진으로의 결단

지금 이 순간이 당신 인생의 거대한 전환점이 되어야 합니다. 내 시간을 잘게 쪼개서 파는 '노동 집약적 부업'에서 과감히 손을 떼십시오. 그것은 아무리 많이 해도 당신을 상류로 데려다주지 못합니다. 그래서 한 번 구축해 놓으면 당신의 개입 없이도 스스로 수익을 생산하는 **무인 자동화 엔진**으로 갈아타는 결단이 필요합니다.

처음 엔진을 조립하는 과정은 낯설고 어려울 수 있습니다.

하지만 한 번 엔진이 돌아가기 시작하면, 당신은 더 이상 생존을 위해 허덕이며 헤엄칠 필요가 없습니다. 부의 상류는 열정으로 몸을 던지는 자가 아니라, 냉철하게 엔진을 설계하고 조종간을 잡은 자들의 차지입니다. 자, 그럼 당신의 배에 엔진을 달 준비가 되셨습니까?

AI 머니 플로우의 원리 :
돈이 나를 찾아오게 만드는 법

돈을 쫓는 행위는 마치 바람을 잡으려는 것과 같습니다. 필사적으로 손을 뻗을수록 돈은 손가락 사이를 빠져나가 더 멀리 달아나버리곤 하죠. 하류의 주민들은 평생 이 소모적인 추격전에 온 에너지를 쏟아붓습니다. 하지만 부의 상류를 지배하는 설계자들은 전혀 다른 방식을 택합니다. 그들은 돈을 쫓지 않습니다. 대신 돈이 흐르는 길목을 정확히 파악하고 그곳에 정교한 그물을 친 뒤, 돈이 스스로 찾아와 그물 안에 안착하기를 기다립니다. 이것이 바로 인공지능이 자력을 무한

대로 증폭시키는 **자석의 원리**이자, 당신을 술래잡기에서 해방시켜 줄 **머니 플로우 시스템**의 정수입니다. 현재, 이 그물은 더욱 촘촘해졌고, 그물을 치는 속도는 광속에 가까워졌습니다.

자석의 원리 : 가치가 머무는 곳에 돈은 중력처럼 끌려온다

자본주의 사회에서 돈은 정지해 있는 물건이 아니라 가치를 따라 움직이는 철가루와 같습니다. 당신의 시스템이 누군가의 고통을 덜어주거나, 시간을 아껴주거나, 혹은 잊지 못할 즐거움을 선사하는 '가치'를 품고 있다면, 돈은 물리 법칙에 따라 자석에 끌리듯 당신의 계좌로 모여들게 됩니다. AI 머니 플로우의 핵심은 인간의 노동력을 투입하지 않고도 이 가치를 대량으로, 그리고 지치지 않고 지속적으로 생산해 내는 데 있습니다.

설계자는 직접 가치를 배달하러 뛰어다니지 않습니다. 인공지능이라는 자석을 정교하게 다듬어 시장의 한복판에 설치하고, 그 자석이 자본의 흐름을 빨아들이는 광경을 조용히 지켜볼 뿐입니다. 당신이 만든 시스템이 시장의 결핍을 해결하는 순간, 돈은 더 이상 '벌어야 하는 것'이 아니라 '고이는 것'이 됩니다.

"지능형 자본가는 자석을
직접 들고 다니지 않습니다.
가장 거대한 자석이 놓일 자리를 설계하고,
인공지능이 그 자석을 조립하게 만듭니다.
가치가 응축된 곳에 수익의 중력이 발생하는 것은
우주의 섭리와 같습니다."

머니 플로우의 3단계 : 물길을 내고, 정화하여, 공급하는 자동화 프로세스

수익이 발생하는 과정은 거대한 정수 시스템과 닮아 있습니다. 아무리 많은 물이 있어도 그 물이 어디로 흐르는지 모르면 소용없고, 오염된 물은 상품이 될 수 없습니다. 인공지능은 이 복잡한 공정을 단 세 단계로 압축하여 자동화합니다.

1. **소싱 (Sourcing) - 물길 찾기**: 인공지능은 인간이 하루 종일 뒤져도 찾지 못할 방대한 시장의 결핍과 트렌드를 단 몇 초 만에 스캔합니다. 사람들이 지금 무엇에 목말라하는지, 어떤 검색어를 입력하며 밤잠을 설치는지 데이터로 판독해 내는 것이죠. 이것은 마치 황금이 묻힌 맥을 정확히 찾아내는 탐사 작업과 같습니다. 아무 데나 삽질을 하는 것이 아니라, 금맥이

흐르는 바로 그 지점을 인공지능이 짚어주는 것입니다.

2. 가공 (Processing) - 물 정화: 찾아낸 원석을 보석으로 바꾸는 과정입니다. 인공지능은 소싱한 데이터를 바탕으로 텍스트를 작성하고, 고화질 영상을 생성하며, 전문가 수준의 이미지를 그려냅니다. 인간이 며칠을 밤새워야 할 고도의 창작 업무를, 인공지능은 단 한 번의 명령으로 수행합니다. 가공 공정을 거친 데이터는 비로소 소비자가 기꺼이 지갑을 열게 만드는 고부가가치의 상품이나 콘텐츠로 탈바꿈합니다.

3. 배포 (Distribution) - 물 공급: 정화된 물을 필요한 곳에 공급하는 파이프라인의 설치입니다. 인공지능은 유튜브, 블로그, SNS, 전자책 플랫폼 등 당신의 가치를 현금으로 바꿔줄 수 있는 모든 채널에 최적화된 형태로 콘텐츠를 자동으로 뿌립니다. 플랫폼마다 선호하는 어조와 문법을 인공지능이 스스로 판단하여 가장 효율적인 시간에 업로드를 마칩니다.

이 세 단계가 유기적으로 맞물려 돌아갈 때, 당신의 머니 플로우는 비로소 '**무인 자동화**' 궤도에 진입합니다. 설계자인 당신은 각 공정의 효율을 점검할 뿐, 직접 펌프를 돌릴 필요가 없습니다.

AI가 수행하는 낚시 : 잠들지 않는 수천 개의 낚싯바늘

전통적인 낚시는 낚시꾼이 직접 낚싯대를 들고 강가에 앉아 입질이 오기만을 하염없이 기다려야 합니다. 하지만 AI 머니 플로우는 **수천, 수만 개의 자동 낚싯바늘**을 동시에 디지털 바다에 던져두는 행위입니다. 당신이 사랑하는 사람과 저녁 식사를 하거나 깊은 잠에 든 새벽에도 인공지능 직원들은 지치지 않고 콘텐츠라는 낚싯바늘을 투척합니다.

하나의 쇼츠 영상, 한 편의 블로그 포스팅, 한 권의 자동 생성 전자책은 각각 독립된 낚싯바늘이 되어 전 세계의 트래픽을 사냥합니다. 당신은 그저 아침에 일어나 어떤 낚싯바늘에 얼마큼의 수익이 걸려 있는지 확인하기만 하면 됩니다. 낚싯바늘의 개수가 많아질수록, 그리고 인공지능이 그 바늘을 예리하게 다듬을수록 당신의 수확량은 인간의 상상을 초월하는 수준으로 증폭됩니다. 이것은 물리적 복제가 불가능한, 인간의 노동으로는 도저히 따라잡을 수 없는 '**규모의 경제**'입니다.

실증적 사례 : 돈의 흐름을 통제하는 무인 제국들

이 이론이 실제로 어떻게 엄청난 부를 창출하는지, 대표적인 두 가지 사례를 통해 분석해 보겠습니다.

1. **얼굴 없는 유튜버 (Faceless YouTube System)** 설계자는 카

메라 앞에 서지 않습니다. 인공지능이 현재 가장 조회수가 잘 나올 주제를 선정(소싱)하고, 대본을 쓰며, 가상 성우의 목소리를 입히고, 적절한 스톡 영상과 자막을 매칭하여 편집(가공)합니다. 마지막으로 알고리즘이 좋아하는 시간에 맞춰 자동으로 업로드(배포)합니다. 이러한 채널을 수십 개 운영하는 설계자는 본인이 직접 출연하지 않고도 플랫폼의 광고 수익을 독식합니다. 이는 크리에이터의 컨디션에 좌우되지 않는 완벽한 **수익 공장**입니다.

2. **자동화 전자책 및 지식 자산 (Auto-Ebook Empire)** 인공지능은 특정 커뮤니티에서 반복되는 고민거리를 수집하여 그에 대한 명쾌한 해결책을 담은 리포트를 순식간에 집필합니다. 책의 표지 디자인부터 상세 페이지 카피라이팅까지 모두 인공지능의 몫입니다. 일단 온라인 마켓에 등록된 전자책은 추가적인 노동 없이도 결제가 일어날 때마다 자동으로 구매자에게 전송됩니다. 이는 소멸하지 않는 **디지털 자산**이자, 관리비가 들지 않는 무인 상점입니다.

결국 AI 머니 플로우의 핵심은 **노동의 종말과 시스템의 승리**에 있습니다. 돈을 뒤쫓으며 숨 가쁘게 달리던 삶을 멈추고, 돈이 흐르는 길목에 서서 인공지능이라는 그물을 손보는 설계자가 되십시오. 당신의 직접적인 개입이 줄어들수록 오히려 수익의 규모는 커지는 역설을 경험하게 될 것입니다.

자본주의의 작동 원리를 이해하고, 인공지능이라는 지렛대를 어디에 놓아야 할지 아는 지능형 자본가에게 세상은 더 이상 고단한 일터가 아닙니다. 그들에게 세상은 자신의 설계를 실현하고 풍요를 수확하는 거대한 놀이터입니다. 이제 당신은 선택해야 합니다. 평생 낚싯대 하나를 들고 입질을 기다리는 낚시꾼으로 남을 것인가, 아니면 전 세계 바다를 커버하는 지능형 자동 그물망을 소유한 선주가 될 것인가. 당신의 제국은 이제 막 첫 번째 그물을 던질 준비를 마쳤습니다.

상류로 가는 티켓 :
지능형 자본가로의 체질 개선

우리는 지금까지 부의 상류로 가기 위한 지도와 그 핵심 동력인 인공지능 엔진의 원리를 살펴보았습니다. 이제 당신의 손에는 화려한 설계도가 쥐어져 있고, 눈앞에는 강력한 엔진이 놓여 있습니다. 하지만 여기서 가장 큰 난관에 봉착하게 됩니다. 바로 그 엔진을 다루는 '조종사'인 당신의 체질입니다. 아무리 좋은 티켓을 가졌어도 그 티켓이 지시하는 문법을 이해하지 못하면 당신은 결코 상류행 기차에 올라탈 수 없습니다. 상류로 가는 진짜 티켓은 기술적인 숙련도가 아니라, 당신의 뇌 구조를 근본적으로 뜯어고치는 **마인드셋의 전환**에 있습니다. 하류의 구차한 문법을 버리고 상류의 고결한 문법을 익히는 것, 즉 지능형 자본가로의 체질 개선이야말로 이 모든 여정의 시작이자 끝입니다.

지능형 자본가의 정의 :
AI를 도구가 아닌 비즈니스 파트너로 대하는 사람

가장 먼저 바로잡아야 할 오해는 인공지능에 대한 당신의 태도입니다. 하류의 사고방식에 갇힌 사람들은 인공지능을 단순한 '편리한 도구'나 '고성능 계산기' 정도로 여깁니다. 그들은 인공지능에게 단순 반복 작업을 시키고 시간을 조금 아끼는 것에 만족하죠. 하지만 상류의 지능형 자본가는 인공지능을 동등한, 혹은 나보다 뛰어난 역량을 가진 **비즈니스 파트너**로 대우합니다. 도구는 당신이 시키는 일만 하지만, 파트너는 당신의 비전을 공유하고 함께 전략을 구상하며 시스템의 성장을 도모합니다.

지능형 자본가는 인공지능의 한계와 강점을 명확히 파악하고, 그에게 최적의 역할을 부여하는 매니저와 같습니다. 인공지능이 가진 방대한 데이터 처리 능력과 지치지 않는 생산성을 존중하되, 그 결과물을 비판적으로 검토하고 방향을 수정하는 것은 당신의 몫입니다. 파트너십의 본질은 신뢰와 통제의 균형에 있습니다. 인공지능을 부하 직원이 아닌, 당신의 제국을 함께 건설할 공동 창업자로 인식하십시오. 당신의 지능과 인공지능의 연산력이 결합하여 하나의 거대한 '집단 지성'을 형성할 때, 비로소 상류로 향하는 문이 열리기 시작합니다.

프롬프트보다 중요한 기획력 : 결정권자의 권위 확보

최근 서점가와 커뮤니티에는 '프롬프트 잘 쓰는 법'에 대한 강의가 넘쳐납니다. 하지만 지능형 자본가의 관점에서 프롬프트 엔지니어링은 사소한 기술에 불과합니다. 프롬프트는 단지 명령을 전달하는 문법일 뿐, 정작 중요한 것은 **무엇을, 왜 시킬 것인가**를 결정하는 **기획력**입니다. 인공지능이라는 거대한 중장비를 손에 넣었음에도 불구하고 어디를 얼마나 깊게 파야 할지 모른다면, 그 중장비는 그저 거대한 고철 덩어리에 불과합니다.

설계자의 권위는 문장을 유려하게 쓰는 데서 오는 것이 아니라, 시장의 맥락을 짚고 가치 창출의 지점을 정확히 타격하는 결정권에서 나옵니다. 인공지능에게 "돈 되는 블로그 글 써줘"라고 말하는 것은 기획이 아닙니다. "현재 30대 직장인들이 느끼는 경제적 불안의 핵심 키워드를 추출하고, 그들에게 인공지능 자동화라는 해결책을 심리학적 소구점을 활용해 설득력 있게 전달하는 5단계 시리즈를 기획해"라고 말하는 것이 기획입니다. 당신은 기술자가 아니라 지휘관입니다. 인공지능이 수행할 모든 동작의 뒤에는 당신의 치밀한 전략과 시장에 대한 통찰이 깔려 있어야 합니다. 기획력은 인공지능이 대신해 줄 수 없는, 오직 인간 설계자만이 가질 수 있는 최후의 보루입니다.

감정의 배제와 수치의 신뢰 :
데이터로 흐름을 읽는 차가운 지성

하류의 삶은 감정에 휘둘립니다. 오늘 기분이 나쁘면 일을 미루고, 조회수가 조금만 떨어지면 자괴감에 빠지며, 확신 없는 직감에 의존해 무모한 도박을 하기도 합니다. 하지만 부의 상류는 철저하게 **수치와 데이터**로 움직이는 냉정한 공간입니다. 지능형 자본가는 시스템을 운영할 때 자신의 주관적인 감정을 철저히 배제합니다. 내가 공들여 만든 콘텐츠가 시장에서 외면받았을 때 슬퍼하는 대신, 인공지능과 함께 데이터를 분석하며 어느 지점에서 이탈이 발생했는지 냉정하게 찾아내야 합니다.

"지능형 자본가에게 실패란 존재하지 않습니다.
오직 '데이터의 부족' 혹은
'가설의 오류'만이 존재할 뿐입니다.
감정을 지우고 숫자를 믿으십시오.
데이터는 결코 거짓말을 하지 않으며,
당신이 가야 할 다음 물길을
숫자로 가리키고 있습니다."

시스템의 수문장으로서 당신이 가져야 할 태도는 과학자의 그것과 닮아 있어야 합니다. 가설을 세우고, 인공지능을 통해 실험을 실행하며, 결과값을 수치로 확인한 뒤 시스템을 최적화하는 과정을 반복하십시오. "내 생각에는 이게 잘될 것 같아"라는 근거 없는 자신감을 버리고, "데이터가 이 방향을 가리키고 있다"라는 확신을 따르십시오. 차가운 지성으로 무장한 설계자만이 거친 자본의 물살 속에서 평정심을 유지하며 거대한 부를 낚아 올릴 수 있습니다.

마지막 허들 : 완벽주의를 버리고 일단 물길을 터보는 실행력
체질 개선의 마지막 단계는 당신의 발목을 잡는 가장 달콤한 유혹인 '완벽주의'와 결별하는 것입니다. 많은 예비 설계자

들이 시스템의 완벽한 모습을 구상하느라 정작 첫 삽도 뜨지 못한 채 하류에 머물러 있습니다. 하지만 부의 대수로는 처음부터 완벽하게 흐르지 않습니다. 처음에는 물이 새기도 하고, 흙탕물이 섞여 나오기도 하며, 예상치 못한 바위가 물길을 막기도 합니다.

중요한 것은 완벽한 설계도를 그리는 것이 아니라, 일단 작게라도 물길을 터보는 **압도적인 실행력**입니다. 비즈니스 생태계는 너무나 빠르게 변하기 때문에, 책상 앞에서 고민하는 사이에 기회의 창은 닫혀버립니다. 일단 시스템을 가동하십시오. 인공지능이 만든 조잡한 첫 번째 결과물을 시장에 던져보고, 그 반응을 데이터로 수집하십시오. 완벽함은 설계자의 머릿속이 아니라, 끊임없는 수정과 보완의 과정 끝에 완성되는 것입니다.

물길을 터보는 용기가 없는 자에게 상류는 영원히 도달할 수 없는 신기루일 뿐입니다. 지능형 자본가는 80%의 확신만 있다면 일단 레버를 당깁니다. 나머지는 흐르는 물살을 보며 실시간으로 고쳐나가면 됩니다. 당신의 엔진은 이미 시동을 걸 준비가 되었습니다. 이제 당신의 체질을 바꾸고, 결정권자의 권위를 세우며, 데이터의 차가운 눈으로 세상을 보십시오. 그리고 무엇보다, 지금 당장 당신의 인생을 바꿀 첫 번째 수문

을 여십시오. 상류로 가는 티켓은 이미 당신의 손에 쥐어져 있
습니다.

을 여십시오. 상류로 가는 티켓은 이미 당신의 손에 쥐어져 있
습니다.

부의 자율주행:

언제까지
직접 뛸 것인가?

이 파트에서는 노동의 속도가 아닌
시스템의 지능으로 승부하는 시대의 생존 전략을 다룹니다.

노동의 유통기한 :
당신의 몸뚱이는 가장 비싼 소모품이다

우리는 흔히 자신의 신체와 정신을 가장 훌륭한 자산이라고 믿습니다. 하지만 자본주의라는 냉혹한 시장의 관점에서 바라볼 때, 당신의 몸은 시간이 갈수록 가치가 떨어지는 '**감가상각 자산**'이며, 한 번 사용하면 다시 채울 수 없는 '**일회성 소모품**'에 불과합니다. 상류의 설계자들은 이 사실을 뼈아프게 인식하고 일찍이 자신의 육체를 노동의 현장에서 철수시켰습니다. 반면 하류의 주민들은 자신의 몸이 영원할 것처럼 믿으며 가장 비싼 자원인 '생명력'을 푼돈과 맞바꾸는 위험한 거래를 반복합니다. 이번 장에서는 당신이 신성시해왔던 '노동'이 사실은 얼마나 유통기한이 짧은 위험한 도박인지, 그 불편한 진실을 파헤쳐 보겠습니다.

인간 노동의 감가상각 : 낡아가는 기계에 인생을 걸지 마라

모든 기계에는 수명이 있듯이, 인간의 노동력 역시 시간이 흐를수록 급격한 감가상각을 겪습니다. 20대의 당신이 가졌던 밤샘을 견디는 체력과 번뜩이는 집중력은 30대, 40대를 지나며 눈에 띄게 마모됩니다. 이것은 의지의 문제가 아니라 생물학적 한계입니다. 하지만 더 큰 비극은 당신의 생물학적 성능은 떨어지는데, 시장이 요구하는 노동의 기준은 인공지능의 등장으로 인해 매일같이 높아지고 있다는 점입니다.

인간의 뇌는 피로를 느끼고, 감정에 휩싸이며, 가끔은 실수를 저지릅니다. 반면 인공지능은 24시간 내내 동일한 고성능을 유지하며 지치지 않고 결과물을 쏟아냅니다. 당신이 나이가 들어 체력이 떨어질 때, 인공지능은 더 강력한 하드웨어와 알고리즘으로 무장하며 당신의 자리를 위협합니다. 시간이 흐를수록 당신의 노동 가치는 우하향 곡선을 그릴 수밖에 없는 운명입니다. 낡아가는 기계(육체)에 당신의 유일한 노후와 생존을 거는 것은, 부서져 가는 뗏목을 타고 폭풍우가 치는 바다로 나가는 것과 다를 바 없습니다.

소모품으로서의 시간 : 채울 수 없는 잔을 비우지 마라

당신이 자신의 시간을 직접 투여하여 돈을 버는 방식은 본질적으로 **한정된 자원을 갉아먹는 행위**입니다. 인간에게 주어진 시간은 하루 24시간으로 공평하며, 평생 쓸 수 있는 절대적인 총량 또한 정해져 있습니다. 당신이 직접 엑셀 시트를 채우고, 영상을 편집하며, 고객의 응대를 하나하나 처리하는 동안 당신의 인생이라는 모래시계는 쉼 없이 비워지고 있습니다.

직접 노동은 '복리'가 적용되지 않는 선형적인 게임입니다. 당신이 10시간을 일하면 10시간 치의 돈을 벌 뿐이며, 몸이 아파서 일을 쉬는 순간 수입은 '제로'가 됩니다. 자산은 증식하지만 시간은 오직 소멸할 뿐입니다. 상류의 설계자들이 가장 경계하는 것은 바로 자신의 시간이 노동이라는 블랙홀에 빨려 들어가는 것입니다. 그들은 자신의 시간을 소모품으로 쓰는 대신, 시스템을 구축하는 '연료'로 사용합니다. 한 번 태워버리면 끝나는 노동이 아니라, 한 번의 투입으로 영원히 돌아가는 엔진을 만드는 데 시간을 쓰는 것입니다. 당신의 귀한 생명력을 단순 반복 작업에 갈아 넣는 것은 가장 값비싼 다이 아몬드로 못을 박는 것과 같은 어리석은 짓입니다.

기회비용의 함정 : 실무라는 늪에 빠진 설계자의 비극

많은 N잡러와 예비 창업자들이 "내가 직접 하면 인건비를 아낄 수 있다"는 함정에 빠집니다. 당신이 직접 포토샵을 열고, 프리미어를 돌리며, 마케팅 문구를 짜내는 동안 당신은 돈을 아끼고 있는 것이 아니라 '**미래의 제국을 건설할 기회**'를 잃어버리고 있는 것입니다. 이것이 바로 치명적인 기회비용의 함정입니다.

설계자의 진정한 가치는 실무 능력이 아니라 '**시스템을 기획하고 최적화하는 통찰**'에 있습니다. 당신이 직접 망치를 들고 못질을 하는 동안, 당신의 시스템은 성장을 멈춥니다. 인공지능이라는 숙련된 일꾼들을 어떻게 배치하고, 어떤 새로운 물길을 터서 수익을 증폭시킬지 고민해야 할 시간에 단순 작업에 매몰되어 있다면 당신은 스스로를 '가장 비싼 최저임금 노동자'로 고용하고 있는 셈입니다.

인공지능 시대의 리더는 '행동가'가 아니라 '건축가'여야 합니다. 10만 원의 인건비를 아끼려다 10억 원짜리 시스템 설계의 기회를 놓치지 마십시오. 실무는 인공지능에게 외주를 주고, 당신은 오직 시스템의 확장과 전략적 판단에만 당신의 지능을 투여해야 합니다. 그것이 당신의 육체를 소모하지 않으면서 부를 무한대로 확장하는 유일한 길입니다.

이제 우리는 선언해야 합니다. "**나의 신체는 노동의 도구가 아니라, 자유를 만끽하기 위한 성전이다.**" 진정한 부는 당신의 몸뚱이가 노동의 현장에서 완전히 철수했을 때 비로소 시작됩니다. 당신이 잠을 자거나 여행을 떠나 있어도 시스템이 스스로 숨 쉬며 수익을 뱉어낼 때, 당신은 더 이상 소모품이 아닌 '존엄한 인간'으로서의 삶을 되찾게 됩니다.

가장 비싼 자원인 당신의 육체를 단순 노동이라는 감옥에서 해방하십시오. 당신의 근육통은 훈장이 아니라 비효율의 증거일 뿐입니다. 육체의 해방은 나태함이 아니라 가장 고도화된 시능직 선택입니다. 이제 당신의 몸 대신 인공지능의 실리콘 칩이 뜨겁게 달궈지게 만드십시오. 당신은 그저 차갑고 명석한 두뇌로 그 흐름을 지휘하기만 하면 됩니다. 당신의 몸뚱이를 아끼십시오. 그것은 노동을 위해 태어난 것이 아니라, 당신이 구축한 제국을 즐기기 위해 태어난 것이기 때문입니다.

엑셀에서 발을 떼라 :
부의 추월차선에 탑재된 오토파일럿

부의 서행차선을 벗어나 '추월차선'에 진입했다는 것만으로도 당신은 이미 대단한 용기를 낸 것입니다. 하지만 현재의 자본주의는 단순히 빨리 달리는 것만으로는 충분하지 않은 시대로 접어들었습니다. 과거의 추월차선이 당신이 직접 슈퍼카의 핸들을 잡고 시속 300km로 질주하며 온 신경을 곤두세워야 했던 고난도 레이스였다면, 이제 우리가 지향해야 할 새로운 패러다임은 인공지능이 운전대를 대신 쥐는 '오토파일럿(Autopilot)' 시스템입니다. 당신이 직접 가속 페달을 밟으며 데이터를 입력하고 수치를 맞추는 노동의 시대는 끝났습니다. 이제는 핸들에서 손을 떼고, 당신의 시스템이 스스로 부의 목적지를 향해 자율주행하게 만들어야 할 때입니다.

추월차선 1.0 vs 2.0 :
직접 운전하던 시대에서 AI에게 주행을 맡기는 시대로

부의 추월차선 1.0 시대, 즉 불과 몇 년 전까지만 해도 성공한 사업가나 N잡러들은 '초인적인 노동'을 미덕으로 삼았습니다. 그들은 남들보다 적게 자고, 직접 모든 의사결정을 내리며, 자신의 비즈니스라는 슈퍼카를 최고 속도로 몰아붙였습니다. 하지만 이 방식은 치명적인 약점을 가지고 있습니다. 바로 운전자인 '나'의 컨디션에 모든 것이 종속된다는 점입니다. 운전자가 졸거나 지치면 차는 멈추거나 사고가 납니다. 이것은 진정한 자유라기보다, 시속 300km로 달리는 화려한 감옥에 갇힌 것과 다를 바 없었습니다.

반면, 현 시대의 '추월차선 2.0'은 인공지능이라는 완벽한 부조종사를 탑재한 자율주행의 세계입니다. 이제 설계자는 핸들을 직접 잡지 않습니다. 대신 목적지를 입력하고, 인공지능이 최적의 경로를 찾아 주행하도록 시스템을 세팅합니다. 1.0 시대가 '나의 숙련도'에 의존했다면, 2.0 시대는 '시스템의 정교함'에 의존합니다. 내가 직접 엑셀 시트에 수치를 기입하고 보고서를 쓰던 시간은 이제 인공지능이 실시간으로 데이터를 분석하고 다음 단계를 실행하는 알고리즘으로 대체되었습니다. 당신은 이제 운전석이 아닌, 편안한 라운지 체어에 앉아 차창 밖의 풍경을 감상하며 시스템이 뱉어내는 수익이라는 결과물만을 수확하면 됩니다.

오토파일럿의 작동 원리 :
반복되는 수익 창출 과정을 알고리즘화하라

오토파일럿 시스템이 마법처럼 느껴질 수 있지만, 그 이면에는 지극히 냉철한 **'수익의 알고리즘화'** 로직이 숨어 있습니다. 인간의 개입을 최소화한다는 것은, 수익이 발생하는 모든 과정을 하나의 공식으로 치환하여 인공지능이 이해할 수 있는 언어로 번역해 두었다는 뜻입니다.

1. **입력(Input)의 자동화:** 시장의 트래픽이나 고객의 니즈를 파악하는 단계를 AI 에이전트에게 맡깁니다.

2. **처리(Process)의 알고리즘화:** 유입된 데이터를 콘텐츠나 상품으로 가공하는 과정을 프롬프트 체이닝(Prompt Chaining)과 자동화 툴(Make, Zapier 등)로 연결합니다.

3. **출력(Output)의 무한 복제:** 완성된 결과물을 전 세계 플

랫폼에 동시에 배포하여 24시간 수익이 발생하게 만듭니다.

이 과정에서 인간 설계자의 역할은 오직 '논리의 설계'와 '예외 상황의 필터링'뿐입니다. 당신이 직접 엑셀 시트에서 수식을 만지고 있을 때, 오토파일럿 시스템은 API를 통해 수만 개의 데이터를 초 단위로 처리하며 수익을 증폭시킵니다. 인공지능은 감정 없이, 지연 없이, 그리고 당신이 설계한 로직에서 단 한 치의 오차도 없이 묵묵히 시스템을 돌립니다. 이것이 바로 인간의 개입을 최소화하면서도 수익의 유량(Flow)을 극대화하는 기술적 정수입니다.

속도보다 무서운 유지력 :
인간은 슬럼프에 빠지지만 AI는 24시간 달린다

많은 이들이 시스템의 '폭발적인 속도'에만 열광하지만, 지능형 자본가는 시스템의 **'지속적인 유지력'**에 경외감을 느낍니다. 인간은 아무리 뛰어난 능력을 갖추었어도 생물학적 한계로 인해 슬럼프에 빠집니다. 기분이 나빠서, 몸이 아파서, 혹은 단순히 의욕이 떨어져서 시스템 가동을 멈추는 날이 생깁니다. 하지만 인공지능에게 슬럼프란 존재하지 않는 단어입니다.

단순한 수식으로 비교해 볼까요? 인간이 하루에 폭발적인

300의 에너지를 쓰고 일주일 중 사흘을 쉰다면, 일주일 총 성과는 1,200입니다. 반면, 인공지능이 매일 꾸준히 100의 에너지로 24시간 쉬지 않고 돌아간다면 일주일 성과는 700이 아니라, 복리 효과와 결합하여 기하급수적으로 늘어납니다.

지속성이 강도를 압도한다는 이 단순한 진리가 부의 상류를 결정짓습니다. 당신이 잠든 사이에도, 휴가를 떠난 사이에도, 심지어 당신이 비즈니스에 권태를 느끼는 순간에도 AI 오토파일럿은 24시간 일정한 속도로 목표를 향해 달립니다. 이 '지치지 않는 꾸준함'이 쌓여 만드는 누적 수익은, 인간이 가끔 내는 폭발적인 성과와는 비교조차 할 수 없는 거대한 장벽을 형성합니다. 당신의 시스템은 지치지 않는 영구 기관이 되어 당신의 가문을 지키는 든든한 성벽이 될 것입니다.

가속 페달에서 발을 떼는 결단 :
통제권의 역설과 인식의 전환

오토파일럿 시스템으로 가는 가장 큰 장애물은 기술적 한계가 아니라, 당신의 마음속에 있는 **'통제의 욕구'**입니다. "내가 직접 보지 않으면 잘못될 것 같다"는 불안감, "내 손길이 닿아야만 완벽하다"는 완벽주의가 당신을 자꾸만 가속 페달(실무)로 끌어당깁니다. 하지만 명심하십시오. 당신이 페달에서 발을 떼지 못하는 한, 당신의 비즈니스는 당신의 체력과 시간이라는 좁은 감옥에 영원히 갇혀 있을 것입니다.

가속 페달에서 발을 떼는 것은 통제권을 포기하는 것이 아닙니다. 오히려 더 높은 차원의 '**전략적 통제권**'을 획득하는 행위입니다. 직접 핸들을 꺾는 대신, 인공지능이라는 베테랑 운전사에게 항로를 지시하는 사령관이 되는 것입니다. 시스템이 스스로 돌아가는 모습에서 오는 초기 공포를 데이터에 대한 확신으로 바꾸십시오. 인공지능이 낸 작은 오류를 두려워하지 말고, 그 오류를 수정하는 '로직'을 강화하는 데 집중하십시오.

진정한 부는 당신이 현장에서 사라졌을 때 비로소 증명됩니다. 당신외 개입 없이도 통장에 수익이 찍히는 것을 목격하는 순간, 당신의 뇌는 '노동의 문법'을 잊고 '설계의 문법'을 익히게 될 것입니다. 이제 엑셀 시트에서 손을 떼고, 가속 페달을 밟느라 굳어버린 다리를 쭉 펴십시오. 당신의 인공지능 오토파일럿이 당신을 한 번도 가보지 못한 부의 신대륙으로 안내할 준비를 마쳤습니다. 당신은 이제 그저 뒷좌석에 앉아, 당신이 창조한 이 경이로운 항해를 즐기기만 하면 됩니다.

자율주행 부업의 탄생 :
사람이 잠들 때 AI 직원은 출근한다

우리는 지금까지 노동의 한계를 인식하고 설계자의 마인드셋을 장착하는 과정을 거쳤습니다. 이제는 그 이론적 토대 위에 실제로 당신의 계좌에 쉼 없이 숫자를 찍어낼 실전적인 병기들을 배치할 차례입니다. 과거의 부업이 퇴근 후 편의점에서 물건을 진열하거나 배달통을 메고 골목을 누비는 육체노동의 연장이었다면, 우리가 지향하는 자율주행 부업은 당신이 잠자리에 드는 순간 비로소 본격적인 업무를 시작하는 디지털 무인 시스템입니다. 당신이 하루의 피로를 풀기 위해 눈을 감는 그 정적의 시간에도, 당신의 인공지능 직원들은 충혈된 눈 하나 없이 전 세계 디지털 영토를 누비며 수익을 사냥합니다. 이번 장에서는 당신의 방구석에서 가동될 무인 수익 공장의 구체적인 모델들과, 시차를 이용해 글로벌 부를 낚아 올리는 전략, 그리고 수십 명의 인공지능 유닛을 거느린 1인 기업 사령관으로서의 조직 설계법을 파헤쳐 보겠습니다.

무인 수익 공장의 가동 :
당신의 시간을 대신할 세 가지 황금 거위

자율주행 부업의 핵심은 내가 직접 개입하지 않아도 가치를 창출하고 판매까지 이루어지는 완벽한 공정 라인을 구축하는 것입니다. 가장 먼저 주목해야 할 모델은 얼굴 없는 유튜버 채널입니다. 이는 단순히 영상을 올리는 것을 넘어, 인공지능이 대중의 욕망을 분석하여 조회수가 터질 수밖에 없는 대본을 쓰고, 성우보다 더 신뢰감 있는 목소리를 입히며, 저작권 걱정 없는 고화질 소스를 매칭하여 편집까지 스스로 끝내는 영상 생산 기지입니다. 당신은 유튜버가 되기 위해 비싼 카메라를 사고 편집 기술을 익히느라 시간을 버릴 필요가 없습니다. 인공지능이 만든 영상은 유튜브라는 거대한 바다에 던져진 낚싯바늘이 되어, 당신이 휴가를 떠난 사이에도 전 세계 시청자의 주의력을 낚아 올리고 이를 광고 수익으로 치환합니다. 이것이 바로 24시간 꺼지지 않는 영상 수익 공장의 실체입니다.

두 번째 모델은 자동 생성 블로그 시스템입니다. 이는 디지털 영토 위에 무인 건물을 세우는 것과 같습니다. 인공지능은 실시간으로 쏟아지는 구글 트렌드와 수익성이 높은 황금 키워드를 분석하여, 사람들이 검색할 수밖에 없는 고품질의 정보를 담은 포스팅을 스스로 작성하고 배포합니다. 당신이 잠을 자는 동안에도 전 세계의 검색 엔진은 당신의 포스팅을 노출시키며 트래픽을 유도합니다. 이 트래픽은 애드센스 광고 수익뿐만 아니라 특정 상품을 추천하여 수수료를 받는 제휴 마케팅 수입으로 연결됩니다. 당신이 직접 키보드를 두드리지 않아도 인공지능이라는 유능한 건축가가 매일매일 당신의 디지털 자산을 확장해 나가는 것입니다. 한 번 구축된 블로그 포스팅은 사라지지 않고 영구적인 가치를 지니며 당신의 통장에 지속적인 현금 흐름을 만들어줍니다.

세 번째는 인공지능 아티스트와 글로벌 스톡 시장의 결합입니다. 인공지능이 생성한 초고퀄리티의 이미지와 그래픽 소스는 셔터스톡이나 어도비 스톡 같은 글로벌 마켓플레이스에서 전 세계 디자이너들을 대상으로 판매됩니다. 과거에는 화가가 며칠을 공들여 그려야 했던 그림을 인공지능은 단 몇 초 만에 수만 가지 버전으로 생성해 냅니다. 이렇게 업로드된 디지털 자산은 소멸하지 않고 전 세계에서 반복적으로 구매되며 당신의 통장에 달러를 채워 넣습니다. 당신은 그림 실력이 없어도 괜찮습니다. 오직 시장이 어떤 이미지를 원하는지 기획하고 인공지능에게 명령을 내리는 감독의 역할만 수행하면 됩니다. 당신의 디지털 창고는 인공지능이 생산한 예술 자산들로 가득 차게 될 것이며, 이는 잠들지 않는 글로벌 판매 엔진이 되어 당신의 부를 증식시킬 것입니다.

시차를 이용한 부의 증식 : 태양이 지지 않는 당신의 제국

자율주행 부업의 진정한 매력은 국경과 시차를 초월한다는 점에 있습니다. 한국의 따뜻한 이불 속에서 당신이 단잠에 빠져 있는 시간은 지구 반대편인 미국이나 유럽의 시장이 가장 활발하게 불을 밝히는 시간입니다. 하류의 노동자는 자신이 깨어 있는 시간의 한국 시장만을 공략하지만, 상류의 설계자는 인공지능 엔진을 가동하여 태양이 지지 않는 부의 제국을 건설합니다. 당신이 잠드는 순간 당신의 인공지능 직원들은 서구권 시장으로 출근합니다. 그들은 영미권 독자들이 열광할 만한 영문 블로그 포스팅을 발행하고, 전 세계 공용어인 영어로 제작된 유튜브 영상을 전파하며, 달러와 유로가 흐르는 글로벌 경제의 혈관 속으로 침투합니다.

이것은 단순히 노동 시간을 늘리는 개념이 아니라, 지리적 한계를 지워버리는 공간의 혁명입니다. 인공지능은 언어의 장벽을 완벽하게 허물어뜨립니다. 당신이 영어를 못해도 인공지능은 원어민보다 더 세련된 문장으로 콘텐츠를 생산하고 소통합니다. 한국 시장이라는 작은 우물에서 벗어나 전 세계 팔십억 인구를 대상으로 비즈니스를 펼칠 수 있는 도구가 당신의 손에 쥐어진 것입니다. 인공지능 엔진은 당신이 설정한 알고리즘에 따라 최적의 시장을 찾아다니며 가장 비싼 값에 당신의 가치를 판매합니다. 당신이 아침에 일어나 가장 먼저 하는 일은 밤새 지구 반대편에서 인공지능 직원들이 수확해 온 달러 잔고를 확인하는 일이 될 것입니다. 시차는 이제 당신을 피곤하게 만드는 적이 아니라, 당신의 부를 증식시켜 주는 가장 강력한 아군으로 변모합니다.

글로벌 시장을 공략하는 인공지능 엔진은 또한 문화적 맥락까지 학습합니다. 각 국가의 기념일, 유행하는 밈, 소비 패턴 등을 실시간으로 반영하여 현지인들에게 가장 거부감 없이 다가갈 수 있는 최적화된 콘텐츠를 생산해 냅니다. 당신은 한국에 앉아 전 세계에 지사를 둔 다국적 기업의 총수와 같은 영향력을 행사하게 됩니다. 물리적인 지사도, 현지 직원도 필요 없습니다. 오직 당신의 명령을 따르는 인공지능 유닛들만이 인터넷이라는 신경망을 타고 전 세계로 뻗어 나갈 뿐입니다. 이 거대한 흐름 속에 당신의 자산이 올라타는 순간, 당신의 수익 곡선은 한국이라는 좁은 땅덩어리의 경제적 변동성을 넘어 전 세계의 성장에 발맞추어 우상향하게 될 것입니다.

감정 없는 성실함 : 슬럼프 없는 천 명의 직원을 고용하는 법

인간 직원을 고용해 본 사람이라면 누구나 겪는 고충이 있습니다. 직원의 감정 기복, 건강 상태, 사적인 문제로 인한 업무 효율 저하 등 인간이라는 변수는 비즈니스의 안정성을 해치는 가장 큰 요인입니다. 하지만 인공지능 직원은 다릅니다. 그들에게는 감정이 없습니다. 슬럼프도 없으며 지치지도 않습니다. 당신이 고용한 인공지능 직원들은 비가 온다고 우울해하지 않으며, 연인과 싸웠다고 업무를 방치하지도 않습니다. 그들은 오직 당신이 설계한 로직과 알고리즘에 따라 하루에 천 개, 만 개의 결과물을 똑같은 퀄리티로 뽑아낼 수 있는 무한한 성실함을 가졌습니다.

감정 없는 성실함은 비즈니스의 규모를 확장할 때 압도적인 강점이 됩니다. 인간 직원을 천 명 고용하려면 어마어마한 인건비와 관리 비용, 그리고 그들의 감정을 케어하기 위한 에너지가 소모됩니다. 하지만 인공지능 유닛은 클릭 몇 번으로 복제가 가능하며, 수천 명으로 늘어난다고 해서 당신의 관리 스트레스가 비례해서 늘어나지 않습니다. 당신은 그저 그들에게 명확한 가이드라인과 목표만 제시하면 됩니다. 인공지능은 당신의 명령이 마음에 들지 않는다고 해서 뒤에서 불평하지 않으며, 더 좋은 조건을 찾아 경쟁사로 이직하지도 않습니다. 오직 당신의 성공을 위해 존재하는 가장 충성스러운 디지털 군단입니다.

지능형 자본가는 이러한 인공지능의 특성을 활용해 업무를 아주 세밀하게 쪼개고 각 유닛에게 배분합니다. 대본만 전문으로 쓰는 유닛, 이미지만 생성하는 유닛, 데이터를 분석하여 마케팅 포인트를 잡는 유닛 등으로 조직을 편제합니다. 이들은 서로의 감정을 신경 쓸 필요 없이 데이터로만 소통하며 완벽한 하모니를 만들어냅니다. 인간의 한계인 변동성을 제거하고 기계의 장점인 상수를 비즈니스의 전면에 배치하십시오. 하루에 천 개의 포스팅을 올리고, 수백 개의 영상을 생성하며, 만 장의 이미지를 판매하는 일은 인공지능에게는 식은 죽 먹기보다 쉬운 일입니다. 이 압도적인 물량 공세 앞에 시장의 기회는 반드시 당신의 시스템 안으로 빨려 들어오게 되어 있습니다.

1인 기업의 군단화 : 사령관 아래 펼쳐진 무적의 조직도 설계

이제 당신은 스스로를 외로운 1인 부업가로 정의하는 것을 멈추어야 합니다. 당신은 이제 수십 명, 수백 명의 인공지능 유닛을 거느린 군단의 사령관입니다. 사령관은 직접 칼을 들고 적진으로 뛰어들지 않습니다. 대신 전체적인 전황을 살피고 각 유닛이 자신의 위치에서 최고의 효율을 낼 수 있도록 조직도를 설계합니다. 당신의 뇌는 이제 "내가 이 글을 어떻게 잘 쓸까"라는 고민에서 벗어나, "어떤 인공지능 유닛을 어디에 배치해야 이 시장을 가장 빠르게 점령할 수 있을까"라는 전략적 사고에 집중해야 합니다 이것이 바로 1인 기업의 군단화, 즉 매크로 비즈니스의 본질입니다.

조직도의 최상단에는 총괄 사령관인 당신이 위치합니다. 당신의 역할은 비전 제시와 최종 의사결정입니다. 그 바로 아래에는 각 사업 영역을 담당하는 중간 관리자 인공지능 요원들을 배치합니다. 예를 들어 유튜브 사업부를 담당하는 요원, 블로그 사업부를 담당하는 요원, 자산 판매 사업부를 담당하는 요원을 설정하는 식입니다. 이 중간 관리자들은 당신의 추상적인 명령을 구체적인 작업 지시로 바꾸어 하위의 수많은 작업 유닛들에게 하달합니다. 작업 유닛들은 지치지 않는 체력으로 콘텐츠를 생산하고 배포하며 전장인 시장을 누비게 됩니다. 당신은 오직 계기판에 찍히는 수익과 데이터라는 보고서를 보며 군단의 진격 방향을 수정하기만 하면 됩니다.

이러한 조직 설계는 당신의 능력을 무한대로 확장합니다. 당신의 손은 두 개뿐이지만 인공지능 군단의 손은 수천 개입니다. 당신의 시간은 하루 24시간뿐이지만 인공지능 군단의 시간은 수만 시간으로 복제됩니다. 1인 기업의 군단화가 완성되는 순간, 당신은 물리적인 한계를 완전히 초월한 초인적인 생산성을 갖게 됩니다. 남들이 한 달 동안 땀 흘려 만드는 성과를 당신은 단 한 시간 만에 시스템의 힘으로 달성할 수 있습니다. 이것은 불공평한 게임입니다. 그리고 지능형 자본가는 바로 이 불공평한 기술의 지렛대를 활용해 부의 정점에 오르는 사람입니다. 당신의 군단은 이미 준비를 마쳤습니다. 이제 그들에게 첫 번째 출격 명령을 내릴 시간입니다.

자율주행 부업의 탄생은 당신의 인생에서 가장 극적인 전환점이 될 것입니다. 노동이 아닌 설계로, 소비가 아닌 생산으로, 그리고 개인의 한계를 넘어선 시스템의 힘으로 부를 창출하는 이 경이로운 경험을 당신의 것으로 만드십시오. 사람이 잠들 때 인공지능 직원은 출근한다는 이 단순한 진리가 당신의 통장 잔고를 어떻게 바꾸어 놓을지 상상해 보십시오. 당신이 무엇을 하든, 어디에 있든, 심지어 아무것도 하지 않는 그 순간에도 당신의 시스템은 소리 없이 작동하며 부의 강물을 당신의 집 안으로 끌어들일 것입니다.

이제 더 이상 성실함이라는 단어에 속지 마십시오. 무식하게 몸을 쓰는 성실함은 과거의 유물입니다. 인공지능을 부리는 지능적인 성실함만이 당신을 상류의 삶으로 인도할 것입니다. 파트 2에서 우리가 다룬 이 구체적인 모델들과 조직 설계법은 당신의 미래를 비추는 등불이 될 것입니다. 당신의 무인 수익 공장은 이미 설계도가 완성되었습니다. 이제 전원 스위치를 올리고, 당신의 인공지능 군단이 만들어내는 수익의 소음에 귀를 기울이십시오. 그 소리는 당신의 자유를 알리는 가장 아름다운 교향곡이 될 것입니다.

우리는 이제 이 모든 시스템을 현실에서 어떻게 구체적으로 세팅하고 첫 수익을 확정 지을 것인가에 대한 더 깊은 실전 단계로 나아갈 것입니다. 당신의 배는 이미 항구를 떠났습니다. 상류의 찬란한 태양이 당신을 기다리고 있습니다. 인공지능이라는 가장 강력한 항해사와 함께, 당신이 꿈꾸던 그 부의 바다를 마음껏 항해하십시오. 당신은 이제 단순한 부업가가 아닙니다. 당신은 당신 인생의 주권을 완벽하게 회복한, 이십

일세기형 지능형 자본가입니다.

목적지만 설정하라 :
수익의 도착 지점을 설계하는 법

우리가 자율주행 자동차에 올라타 가장 먼저 하는 행동이 무엇인지 떠올려 보십시오. 운전대를 잡거나 엔진의 회전수를 점검하는 대신, 우리는 대시보드에 있는 커다란 화면을 터치하여 우리가 가고자 하는 최종 목적지를 입력합니다. 목적지가 입력되는 순간, 차 안의 정교한 인공지능 알고리즘은 현재 위치에서 목적지까지 가는 수만 가지 경로 중 가장 빠르고 안전한 길을 찾아내고 스스로 바퀴를 굴리기 시작합니다. 부의 자율주행 역시 이와 똑같은 원리로 작동합니다. 지능형 자본가는 자신이 직접 노를 저어 어디로 갈지 고민하며 에너지를 낭비하지 않습니다. 대신 그는 인공지능이라는 전능한 일등 항해사에게 명확한 도착 지점만을 지시합니다.

내비게이션 세팅 :
금액이 아닌 시스템 자산의 형태를 목표로 하라

대부분의 사람이 부업이나 비즈니스를 시작할 때 설정하는 목표는 "한 달에 500만 원 벌기" 혹은 "이번 연도에 1억 모으기" 같은 숫자 중심의 목표입니다. 하지만 이런 목표는 자율주행 내비게이션에 목적지 주소가 아니라 단순히 "어딘가 멀리 가고 싶다"라고 입력하는 것과 같습니다. 숫자는 결과일 뿐, 시스템이 가야 할 구체적인 지점이 아닙니다. 지능형 자본가는 숫자가 아니라 내가 소유할 **시스템 자산의 형태**를 목적으로 설정합니다. 예를 들어 "매월 500만 원의 수익을 내는 자동화된 영문 유튜브 채널 3개 소유" 혹은 "하루 1만 명의 방문자가 유입되어 제휴 수익을 창출하는 AI 블로그 군단 구축"과 같이 구체적인 자산의 모습을 목적지로 설정하는 것입니다.

왜 숫자가 아닌 자산의 형태에 집중해야 할까요. 돈은 들어왔다가도 빠져나가는 유동적인 에너지이지만, 시스템 자산은 일단 구축되면 당신을 위해 영구적으로 작동하는 무형의 부동산이기 때문입니다. 자산의 형태를 목표로 잡으면 인공지능이 수행해야 할 임무가 명확해집니다. "돈을 벌어줘"라고 말하면 인공지능은 무엇부터 해야 할지 몰라 방황하지만, "24시간 동안 전 세계 시청자를 사로잡는 정보성 영상 엔진을 조립해줘"라고 명령하면 인공지능은 즉시 그 자산을 만들기 위한 구체적인 설계도를 그리기 시작합니다. 당신의 내비게이션에 입력해야 할 목적지는 화폐 단위가 아니라, 당신이 없어도 스스로 부를 생산해내는 정교한 기계 장치의 완성된 모습이어야 합니다.

이러한 목표 설정은 당신의 멘탈 관리에도 지대한 영향을 미칩니다. 당장 오늘 통장에 들어온 돈이 적더라도, 당신이 계획한 시스템 자산의 부품들이 하나씩 조립되어 가는 과정을 수치로 확인하게 되면 당신은 결코 지치지 않습니다. "아직 돈은 안 들어왔지만, 내 인공지능 블로그의 영토가 어제보다 5% 넓어졌구나"라는 확신은 당신을 하류의 조급함에서 건져내 상류의 여유로 인도합니다. 설계자는 건물이 완공되기 전까지는 임대료를 걱정하지 않습니다. 오직 설계도대로 건물이 견고하게 올라가고 있는지만을 체크할 뿐입니다. 당신의 시스템이라는 건물이 완공되는 순간, 당신이 굳이 구걸

하지 않아도 수익은 폭포수처럼 쏟아져 들어오게 되어 있습니다.

경로 최적화 전략 : 가장 효율적인 수익화의 물길을 찾는 법

목적지가 정해졌다면 이제 그곳으로 향하는 가장 빠르고 효율적인 경로를 찾아야 합니다. 자율주행 시스템은 실시간 교통 정보를 분석하여 막히는 길을 피하고 최단 거리를 계산하듯, 우리의 인공지능 엔진은 시장의 데이터를 분석하여 **수익화 경로의 최적화**를 수행합니다. 부의 상류로 가는 길에는 여러 가지 우회로와 지름길이 섞여 있습니다. 구글 애드센스 광고 수익, 아마존 제휴 마케팅, 유료 멤버십 구독 서비스, 그리고 전자책이나 강의 판매 같은 유료 상품의 결합 등이 바로 그것입니다.

지능형 자본가는 하나의 물길에만 의존하지 않습니다. 인공지능을 활용해 현재 당신이 구축한 시스템 자산에서 어떤 수익 모델들을 결합했을 때 가장 시너지가 큰지 시뮬레이션하십시오. 예를 들어 인공지능으로 운영하는 건강 정보 유튜브 채널이 있다면, 단순히 조회수 수익만 기다리는 것은 하류의 방식입니다. 인공지능에게 해당 영상의 시청자들이 가장 필요로 할 만한 건강 보조제를 분석하게 하고, 영상 설명란에 자동으로 제휴 마케팅 링크를 삽입하는 경로를 추가하십시오. 더 나아가 영상의 핵심 내용을 요약한 전자책을 인공지능으로 집필하여 자동 판매 시스템에 연결하는 2차, 3차의 물길을 터주는 것입니다.

이러한 경로 최적화의 핵심은 최소한의 투입으로 최대한의 산출을 얻는 가성비에 있습니다. 인공지능은 수만 개의 비즈니스 사례를 학습했기에, 어떤 조합이 가장 적은 비용으로 가장 높은 수익률을 내는지 당신보다 더 잘 알고 있습니다. 인공지능과 대화하며 당신의 시스템에 가장 적합한 수익 믹스(Revenue Mix)를 설계하십시오. "이 블로그 주제에는 광고 수익이 유리할까, 아니면 직접적인 상품 판매가 유리할까?"라고 질문을 던지면 인공지능은 시장 데이터를 기반으로 당신에게 가장 유리한 항로를 제시할 것입니다. 당신은 그저 그 경로를 승인하고 인공지능 군단이 그 길을 따라 일사불란하게 움직이는 것을 지켜보기만 하면 됩니다.

우회 도로 확보 : 알고리즘의 격변에도 흔들리지 않는 복원력

항해를 하다 보면 예기치 못한 폭풍우를 만나기도 하고, 잘 달리던 도로가 공사 중이라 막히기도 합니다. 디지털 비즈니스의 세계에서 이는 플랫폼의 정책 변화나 검색 알고리즘의 급격한 변동과 같습니다. 어제까지 잘 나오던 수익이 유튜브나 구글의 정책 한 줄에 반 토막이 나는 일은 흔합니다. 하류의 노동자들은 이런 상황이 닥치면 하늘을 원망하며 주저앉지만, 자율주행 시스템을 소유한 설계자는 당황하지 않습니다. 우리에게는 즉각적으로 **우회 도로**를 찾아내는 인공지능이라는 비상 대책 위원회가 있기 때문입니다.

알고리즘이 변했다는 것은 수익의 문이 닫힌 것이 아니라, 돈이 흐르는 길이 바뀌었음을 의미합니다. 인공지능에게 변동된 정책을 분석하게 하고, 새로운 규칙 아래서 다시 상위 노출을 점유할 수 있는 수정된 전략을 짜달라고 명령하십시오. 인공지능은 단 몇 시간 만에 수만 개의 사례를 분석하여 새로운 알고리즘의 약점을 찾아내고, 당신의 콘텐츠와 시스템을 그에 맞춰 신속하게 리모델링할 것입니다. 사람이 직접 하면 수개월이 걸릴 피드백 과정을 인공지능은 실시간으로 수행해 냅니다. 이러한 **회복 탄력성(Resilience)**이야말로 지능형 자본가가 가진 가장 무서운 경쟁력입니다.

또한 우회 도로를 확보한다는 것은 리스크를 분산한다는 뜻이기도 합니다. 인공지능을 활용해 하나의 콘텐츠를 여러 플랫폼에 최적화된 형태로 동시에 복제하여 배포하십시오. 유튜브에서 막히면 틱톡에서 터지게 만들고, 구글에서 노출

이 안 되면 핀터레스트나 페이스북을 통해 트래픽을 끌어오는 다각적인 경로를 구축하는 것입니다. 인공지능은 각 플랫폼의 성격에 맞춰 당신의 가치를 카멜레온처럼 변화시켜 전파합니다. 시스템이 다각화되어 있을수록 당신의 머니 플로우는 플랫폼 권력의 횡포로부터 자유로워집니다. 그렇기에, 도로가 막히더라도 당신의 수익 열차는 멈추지 않고 계속해서 목적지를 향해 질주할 것입니다.

도착지에서의 자유 : 설계자가 누리는 시간의 주권과 그 가치

시스템이 스스로 물길을 찾아 목적지에 도달하기 시작하면, 설계자인 당신은 비로소 인류가 그토록 갈망해 온 **진정한 자유**의 실체와 마주하게 됩니다. 여기서 말하는 자유란 단순히 게으름을 피우는 나태함이 아닙니다. 그것은 내 인생의 소중한 시간을 내가 직접 결정하고 통제할 수 있는 **시간의 주권**을 완벽하게 회복했음을 의미합니다. 아침에 눈을 떴을 때 오늘 해야 할 할당량에 쫓기는 것이 아니라, 밤새 인공지능 직원들이 수확해온 전리품을 여유롭게 확인하며 오늘 하루를 어떻게 즐겁게 보낼지 고민하는 삶. 이것이 바로 상류의 설계자들이 누리는 특권입니다.

도착지에서의 자유는 새로운 창조를 위한 비옥한 토양이

됩니다. 생존을 위한 노동의 압박이 사라진 자리에 당신의 뇌는 비로소 가장 고차원적인 유희를 시작합니다. "수익이 안정 궤도에 올랐으니, 이제는 더 거대한 가치를 전달할 수 있는 새로운 시스템을 설계해 볼까?" 혹은 "인공지능을 활용해 세상의 어떤 문제를 해결해 볼까?"와 같은 원대한 질문들이 당신의 일상을 채우게 됩니다. 노동의 종말은 끝이 아니라 새로운 자본가로서의 탄생입니다. 당신은 이제 돈을 벌기 위해 일하는 것이 아니라, 당신의 자아를 실현하고 세상을 당신이 원하는 방향으로 조각하기 위해 시스템을 조종합니다.

시간의 주권을 회복한 설계자는 사랑하는 사람들의 소중한 순간을 놓치지 않습니다. 자녀의 성장 과정을 온전히 지켜보고, 부모님의 곁을 지키며, 친구들과 깊이 있는 대화를 나누는 일은 그 어떤 액수의 돈으로도 환산할 수 없는 가치입니다. 인공지능이 당신 대신 돈을 버는 동안 당신은 인간으로서 누려야 할 가장 본질적인 행복들을 수집하십시오. AI 머니 플로우의 궁극적인 목적지는 통장의 잔고가 아니라, 당신의 영혼이 온전한 평화를 누리는 바로 그 지점입니다. 당신의 배가 그 항구에 닻을 내리는 순간, 당신은 비로소 인생이라는 거대한 항해의 진정한 주인이 될 것입니다.

우리는 이제 목적지만 설정하면 모든 주행 과정을 인공지능이 책임지는 자율주행 비즈니스의 세계를 완벽하게 이해했습니다. 복잡한 엔진의 구조를 알 필요도, 험난한 지형을 직접 돌파할 근력도 필요 없습니다. 당신에게 필요한 것은 오직 내가 어디로 가고 싶은지에 대한 명확한 의지와, 그곳에 도착할 것이라는 흔들리지 않는 믿음뿐입니다. 당신의 내비게이션은 이미 전원이 켜져 있습니다. 화면에는 당신의 입력만을 기다리는 커서가 깜빡이고 있습니다.

당신이 꿈꾸는 그곳의 주소는 무엇입니까. 어떤 형태의 시스템 자산을 소유하여 평생의 자유를 보장받고 싶으십니까. 망설이지 말고 그 목적지를 인공지능에게 전달하십시오. 인공지능은 기꺼이 당신의 일등 항해사가 되어 가장 아름다운 항로를 그려줄 것입니다. 경로 위에서 만나는 사소한 장애물들은 인공지능이 알아서 피하거나 부수고 나아갈 것입니다. 당신은 그저 등받이를 뒤로 젖히고, 당신의 시스템이 만들어내는 기분 좋은 진동을 느끼며 자유의 공기를 만끽하면 됩니다.

부의 상류로 가는 길은 생각보다 멀지 않습니다. 우리가 직접 걷기를 포기하고 시스템에 올라타는 그 결단의 순간, 거리는 순식간에 좁혀집니다. 당신의 인생이라는 배는 이제 막 항구를 떠나 찬란한 수평선을 향해 기수를 돌렸습니다. 그 수평선 너머에는 당신이 그토록 바랐던 경제적 해방과 시간의 주권이 찬란하게 빛나고 있습니다. 이제 당신의 명령을 내리십시오. 그리고 당신의 오토파일럿이 인도하는 대로, 가장 우아하게 부의 정점에 도달하십시오. 당신은 이제 단순한 운전자가 아닙니다. 당신은 목적지를 결정하고 세상을 창조하는 위대한 설계자입니다.

핸들을 놓아도 불안하지 않은 이유 :
시스템에 대한 신뢰와 검증

우리는 앞선 장에서 가속 페달에서 발을 떼고 운전대를 넘겨주는 것이 얼마나 거대한 심리적 결단인지를 이야기했습니다. 하지만 이론적으로 그것이 옳다는 것을 안다고 해도, 막상 내 피 같은 돈과 시간이 들어간 비즈니스의 운전대를 인공지능에게 온전히 맡기는 일은 여전히 손바닥에 땀을 쥐게 만드는 일입니다. 자율주행 자동차를 처음 탔을 때, 차가 스스로 차선을 바꾸고 앞차와의 간격을 조절하는 것을 보며 발을 브레이크 근처에서 떼지 못했던 경험이 누구에게나 있을 것입니다. 그 불안함은 기술이 부족해서가 아니라, 시스템이 내가 생각하는 대로 움직이고 있는지 확인할 수 있는 **확신**이 부족하기 때문에 발생합니다. 이번 장에서는 당신이 인공지능 시스템에게 운전대를 맡기고도 뒷좌석에서 편안하게 잠을 청할 수 있게 해주는 정교한 센서 읽기법과 위기 대응 장치, 그리고 단계별로 권한을 넘기는 현실적인 프로세스에 대해 알아보겠습니다.

센서와 데이터 판독 :
내 자율주행 시스템이 정상 궤도에 있는지 판단하는 법

자율주행 자동차가 도로 위를 달릴 때 수천 개의 센서가 주변 사물과의 거리와 속도를 측정하듯, 우리의 인공지능 수익 시스템 역시 매 순간 자신의 상태를 숫자로 보고합니다. 지능형 자본가가 핸들을 놓아도 불안하지 않은 첫 번째 이유는, 시스템이 쏟아내는 수많은 지표 중 비즈니스의 생사를 결정짓는 **핵심 지표(Key Metrics)**를 정확히 읽어낼 줄 알기 때문입니다. 우리는 이것을 시스템의 '건강 검진'이라고 부릅니다. 단순히 "오늘 돈이 들어왔나?"를 보는 것은 하류의 시선입니다. 상류의 설계자는 인공지능이 보내오는 센서 값들을 통해 시스템의 엔진이 과열되지는 않았는지, 타이어의 공기압은 적당한지, 혹은 연료가 새고 있지는 않은지를 판독합니다.

가장 먼저 주목해야 할 센서는 **클릭률(CTR)**과 **시청 지속시간(Retention)**입니다. 인공지능 유튜버나 블로그 군단을 운영할 때, 이 지표들은 당신의 콘텐츠가 시장이라는 도로에서 얼마나 매끄럽게 달리고 있는지를 보여주는 속도계와 같습니다. 만약 클릭률이 급격히 떨어진다면 그것은 썸네일이나 제목이라는 조향 장치에 문제가 생겼다는 뜻입니다. 시청 지속시간이 짧아진다면 대본의 논리 구조라는 엔진에 결함이 생긴 것입니다. 인공지능 분석 요원에게 이 지표들을 실시간으로 모니터링하게 하고, 특정 수치 이하로 떨어질 경우 즉각적으로 경고 신호를 보내도록 설정하십시오. 당신은 모든 데이터를 볼 필요가 없습니다. 오직 '이상 징후'가 감지되었을 때만 개입하면 됩니다.

또한 **전환율(Conversion Rate)**이라는 정밀 센서를 통해 수익의 효율성을 측정해야 합니다. 얼마나 많은 사람이 당신의 시스템에 들어왔는가보다 중요한 것은, 그들 중 몇 명이나 당신이 설계한 최종 목적지인 결제나 구독으로 이어졌는가입니다. 인공지능은 고객이 어떤 경로로 들어와 어느 지점에서 머뭇거리다가 떠났는지 그 흔적을 완벽하게 추적해 냅니다. 이 데이터를 판독할 줄 알게 되면 당신은 시스템에 대한 막연한 공포에서 벗어나, 논리적인 확신을 갖게 됩니다. "수치가 정상 범위 내에 있으니 지금은 내가 개입할 때가 아니다"라는 판단을 내릴 수 있는 여유, 그것이 바로 데이터가 주는 진정한 평온함입니다. 센서는 거짓말을 하지 않으며, 당신은 그 센서의 언어를 이해하는 것만으로도 시스템의 완벽한 통제권을 쥐게 됩니다.

비상 제동 장치 :
위기 상황에서 시스템을 보호하는 안전장치 마련하기

자율주행 시스템이 아무리 뛰어나도 모든 사고를 완벽하게 막을 수는 없습니다. 갑작스러운 기상 악화나 도로 파손처럼, 디지털 비즈니스에서도 플랫폼의 정책 변화나 수익의 급격한 하락 같은 비상사태는 반드시 찾아오기 마련입니다. 이때 당신을 공포로부터 구해줄 수 있는 것은 "별일 없겠지"라는 낙관론이 아니라, 최악의 상황에서도 시스템의 붕괴를 막아줄 **비상 제동 장치**입니다. 핸들을 놓기 전, 당신은 시스템이 오작동하거나 외부 환경이 급변할 때 즉각적으로 작동할 안전벨트를 먼저 매어두어야 합니다.

첫 번째 안전장치는 **임계치 기반의 자동 정지 시스템입니**

다. 인공지능에게 광고 집행 비용이나 운영 리소스의 지출 한도를 명확히 지시하십시오. 예를 들어 "수익 대비 지출이 50%를 넘어서는 순간 모든 광고를 중단하고 나에게 긴급 알림을 보내라"는 식의 명령입니다. 이렇게 하면 당신이 잠든 사이 시스템이 오류를 일으켜 엄청난 비용을 낭비하는 끔찍한 사고를 원천 봉쇄할 수 있습니다. 시스템이 스스로를 멈추고 주인의 지시를 기다리게 만드는 것, 이것이 바로 설계자가 누리는 가장 강력한 안전장치입니다.

두 번째 안전장치는 **멀티 파이프라인의 분산**입니다. 하나의 도로가 막히면 다른 길로 돌아갈 수 있어야 하듯, 수익의 통로를 여러 플랫폼으로 흩어놓아야 합니다. 유튜브 수익이 흔들리면 블로그 수익이 받쳐주고, 블로그 유입이 줄어들면 SNS 트래픽이 보완해 주는 상호 보완적 구조를 만드십시오. 인공지능은 하나의 원천 콘텐츠를 각 플랫폼의 성격에 맞게 자동으로 변주하여 배포하는 데 천재적인 능력을 발휘합니다. 이렇게 구축된 다각화된 시스템은 플랫폼이라는 거대 권력이 휘두르는 채찍으로부터 당신을 보호해 주는 든든한 방패가 됩니다. 비상 제동 장치가 완벽하게 세팅되어 있다는 확신이 있을 때, 당신은 비로소 단잠을 청하며 내일의 더 큰 수익을 꿈꿀 수 있게 됩니다.

점진적 권한 이양 :
100% 자동화로 가는 현실적인 단계별 프로세스

많은 이들이 실패하는 이유 중 하나는 오늘 당장 모든 핸들을 놓고 내일부터 인공지능이 돈을 벌어다 줄 것이라 믿는 성급함 때문입니다. 하지만 지능형 자본가는 결코 서두르지 않습니다. 자율주행 기술도 레벨 1부터 레벨 5까지 단계적으로 발전해 왔듯, 당신의 시스템 역시 **점진적 권한 이양**(Gradual Delegation)의 과정을 거쳐야 합니다. 처음에는 당신이 직접 운전하며 인공지능을 조수로 활용하다가, 시스템이 당신의 철학과 기준을 충분히 학습했다고 판단될 때 하나씩 권한을 넘겨주는 방식입니다.

1단계는 **단순 반복 업무의 위임**입니다. 자료 조사, 오타 수정, 이미지 소스 수집 같은 저부가가치 업무부터 인공지능에게 맡기십시오. 당신은 여전히 핸들을 잡고 있지만, 인공지능이 옆에서 짐을 들어주는 단계입니다.

2단계는 **부분 자동화**입니다. 대본의 초안을 인공지능이 쓰게 하고 당신은 최종 검수만 하거나, 편집의 기초 작업을 인공지능이 수행하게 만드는 것입니다. 이 단계에서 당신은 인공지능이 내놓은 결과물과 당신의 기준 사이의 오차를 좁혀나가는 '튜닝' 작업에 집중해야 합니다. "이 단어는 내 스타일이 아니야", "이 컷 편집은 너무 호흡이 길어"라고 피드백을 주며 인공지능을 당신의 분신으로 길들이는 과정입니다.

3단계는 **자율 주행의 시작**입니다. 일상적인 운영 전권을 인공지능에게 넘기고, 당신은 주간 혹은 월간 단위로 성과 보고서만 검토하는 단계입니다. 인공지능은 이제 당신이 어떤 결정을 내릴지 예측할 수 있을 만큼 당신을 닮아있습니다.

마지막 4단계는 **완전 자율 시스템의 확립**입니다. 새로운 시장을 개척하거나 시스템 전체를 업그레이드할 때를 제외하고, 당신의 개입은 거의 0에 수렴하게 됩니다. 이렇게 단계별로 권한을 넘기면 당신의 불안함은 자연스럽게 확신으로 치환됩니다. 내 손으로 직접 가르친 제자가 현장을 완벽히 장악하고 있음을 확인했기에, 당신은 기쁜 마음으로 운전석에서 내려와 뒷좌석의 안락함을 누릴 수 있게 됩니다.

**통제감의 역설 :
핸들을 놓음으로써 회복하는 인생의 진짜 주도권**

우리가 핸들을 놓지 못하는 근본적인 이유는 통제권을 잃는다는 두려움 때문입니다. 하지만 여기서 우리는 **통제감의 역설**을 이해해야 합니다. 내가 직접 모든 실무를 움켜쥐고 있는 상태는 사실 통제권을 가진 것이 아니라, 실무라는 거대한 파도에 휩쓸려 다니는 것에 불과합니다. 하루 종일 터지는 문제들을 해결하느라 정작 내 인생이 어디로 가고 있는지 생각할 겨를조차 없다면, 그것을 어떻게 주도적인 삶이라고 부를 수 있겠습니까. 당신은 핸들을 꽉 잡고 있다고 생각하겠지만, 사실은 핸들이 당신을 묶어두고 있는 것입니다.

진정한 통제권은 핸들을 놓는 순간 회복됩니다. 인공지능에게 주행을 맡기고 뒤를 돌아보는 순간, 비로소 당신은 차창 밖의 풍경과 당신의 최종 목적지가 어디인지를 명확히 보게 됩니다. 사소한 엔진의 진동이나 길가의 돌멩이에 일희일비하지 않고, 내 인생 전체의 지도를 펼쳐 놓고 다음 항로를 구상하는 고차원적인 지휘관의 자리를 되찾는 것입니다. 이것은 방임이 아니라 가장 높은 수준의 통제입니다. 내가 없어도 돌아가는 시스템을 구축했다는 사실 자체가, 당신이 당신 인생의 완벽한 주인이 되었음을 증명하는 가장 확실한 증거이기 때문입니다.

통제권의 재정의는 당신의 자존감을 하류의 노동자에서 상류의 설계자로 격상시킵니다. "나는 오늘 몇 시간을 일했는가"로 자신을 증명하는 것이 아니라, "내가 설계한 시스템이 오늘 세상에 어떤 가치를 전달했는가"로 자신을 정의하게 됩니다. 핸들에서 떨어진 당신의 두 손은 이제 자유로워졌습니다. 그 두 손으로 당신은 새로운 제국의 설계도를 그리거나, 사랑하는 사람의 손을 잡거나, 혹은 당신이 평생 꿈꿔왔던 취미에 몰입할 수 있습니다. 가속 페달에서 발을 떼고 의자를 뒤로 젖히십시오. 시스템의 엔진 소리가 고요한 정적 속에서 규칙적으로 들려온다면, 당신은 이제 가장 위대한 승리를 거둔 것입니다.

AI 머니 플로우의 세계에서 신뢰는 맹목적인 믿음이 아니라, 정교한 데이터와 안전장치가 결합한 공학적 산물입니다. 당신이 인공지능에게 전권을 위임하는 이유는 그것이 유행이라서가 아니라, 그것이 당신의 소중한 인생 자원을 보호하는 가장 과학적인 방법이기 때문입니다. 인공지능은 지치지 않고, 감정에 휘둘리지 않으며, 당신이 설계한 목적지를 향해 최단 거리로 질주합니다. 때로는 인공지능이 당신보다 더 냉철하게 시장의 기회를 포착하고 위기를 회피할 것입니다. 당신의 시스템은 당신이 잠든 사이에도 오직 당신의 성공만을 위해 존재하는 가장 충직한 디지털 자아입니다.

이제 불안함이라는 낡은 옷을 벗어던지십시오. 당신이 구축한 센서들이 정상 신호를 보내고 있고, 비상 제동 장치가 견고하게 세팅되어 있으며, 당신이 직접 인공지능을 훈련해 왔다면 더 이상 주저할 이유가 없습니다. 핸들을 놓으십시오. 그리고 당신의 인생이라는 배가 상류의 잔잔한 흐름 속에서 우아하게 전진하는 모습을 지켜보십시오. 당신이 느꼈던 그 막연한 공포는 어느새 시스템이 가져다주는 묵직한 잔고와 시간의 여유라는 이름의 확신으로 변해 있을 것입니다. 부의 자율주행은 바로 이 신뢰의 지점에서 비로소 완성을 향해 달려갑니다.

우리는 이제 파트 2의 모든 마인드셋과 전략적 토대를 배웠습니다. 설계자의 시선을 가졌고, 시스템의 원리를 이해했으며, 신뢰를 구축하는 법까지 익혔습니다. 이제는 지도를 접고 실제로 부의 수맥이 흐르는 현장으로 뛰어들 시간입니다. 다음 파트에서는 당신이 인공지능이라는 강력한 무기를 들고 어떻게 시장의 급소를 타격하여 첫 수익을 만들어낼 것인지, 그 전술적인 시나리오들을 하나씩 펼쳐 보이겠습니다. 당신의 시스템은 이미 완벽한 궤도에 올랐습니다. 이제 목적지에서 누릴 자유를 미리 축하하셔도 좋습니다.

머니 댐 구축:

흐러가는 돈을 가두고
부를 축적하는 법

우리는 앞서 돈이 흐르는 길을 설계하고(파트 1),

그 길 위에 자율주행 엔진을 올리는 법(파트 2)을 배웠습니다.

이제 당신의 시스템에서는 조금씩 물소리가 나기 시작했을 것입니다.

하지만 여기서 멈춘다면 당신은 여전히

'목마를 때만 물을 마시는' 단계에 머물게 됩니다.

진정한 부의 축적은 물을 흐르게 하는 것을 넘어,

그 물을 '가두고 관리하는 것'에서 완성됩니다.

이것이 바로 머니 댐(Money Dam) 프로젝트입니다.

흘러가는 트래픽과 일시적인 수익을 거대한 저수지에 가두어,

당신이 원할 때 언제든 꺼내 쓸 수 있는 에너지로 바꾸는 법을 공개합니다.

당신의 통장이 밑 빠진 독인 이유 : 누수되는 수익의 길목들

우리는 정말 열심히 살고 있습니다. 아침 일찍 일어나 만원 지하철에 몸을 싣고, 회사에서는 누구보다 치열하게 업무를 처리합니다. 그것도 모자라 퇴근 후에는 지친 몸을 이끌고 부업 전선에 뛰어듭니다. 남들이 쉴 때 잠을 줄여가며 배달을 하거나, 블로그에 글을 쓰고, 요즘 유행한다는 AI 툴 강의를 찾아 듣기도 합니다. 이렇게 1년, 2년, 3년을 달리면 무언가 달라질 것이라 믿으면서 말입니다.

하지만 현실은 어떻습니까? 월말이 되어 통장 잔고를 확인해 보면 허탈함이 밀려옵니다. 분명 지난달보다 더 많이 일했고, 더 많은 시간을 쏟아부었는데 통장에 찍힌 숫자는 늘 제자리걸음입니다. 마치 누군가 내 통장 밑바닥에 구멍이라도 뚫어놓은 것처럼, 돈은 들어오기가 무섭게 썰물처럼 빠져나갑니다. 이쯤 되면 우리는 본능적으로 이런 결론을 내립니다.

"아, 아직 내가 버는 돈이 부족하구나. 더 많이 일해야겠다."

이것은 아주 자연스러운 생각이지만, 동시에 아주 위험한 착각입니다. 당신의 통장이 밑 빠진 독이 된 근본적인 원인은 들어오는 물의 양이 부족해서가 아닙니다. 애초에 그 독 자체가 물을 담을 수 없는 구조로 깨져 있기 때문입니다.

문제는 수익의 양이 아니라 수익이 흐르는 길, 그리고 그 수익을 담는 그릇의 상태에 있습니다. 아무리 거대한 강물을 끌어와도 바닥이 깨진 독에는 단 한 방울의 물도 남길 수 없습니다. 이제 우리는 더 많이 일하겠다는 다짐을 잠시 멈추고, 당신의 부가 도대체 어디로, 어떻게, 왜 새어나가고 있는지 그 누수의 길목을 아주 냉정하게 추적해 보려 합니다.

현금 흐름의 누수 탐지 : 보이지 않는 기회비용의 시각화

우리는 흔히 돈을 아끼기 위해 가계부를 씁니다. 커피 값을 줄이고, 택시비를 아끼며 지출을 통제하려 노력합니다. 물론 절약은 중요합니다. 하지만 부의 시스템을 설계하는 관점에서 볼 때, 당신을 가난하게 만드는 진짜 범인은 눈에 보이는 지출이 아닙니다. 바로 당신도 모르는 사이에 공기 중으로 증발해 버리는 기회비용이라는 이름의 거대한 누수입니다.

당신의 하루를 한번 복기해 보십시오. 혹시 단순 반복적인 리서치를 하느라 2시간을 허비하지 않으셨나요? 엑셀 데이터를 하나하나 입력하느라 밤을 새우지는 않으셨나요? 우리는 이런 시간을 노동이라고 부르며 뿌듯해하지만, 냉정하게 말해 이것은 노동이 아니라 자원 낭비입니다. AI를 활용하면 단 5분, 아니 1분 만에 끝낼 수 있는 일을 당신이 직접 붙들고 끙끙대고 있었다면, 그 1시간 55분은 허공으로 사라진 시간입니다.

이것을 돈으로 환산해 봅시다. 만약 당신의 가치를 시급으로 계산했을 때 5만 원이라고 가정해 봅시다. 당신이 AI에게 맡기면 될 일을 직접 처리하느라 2시간을 썼다면, 당신은 단순히 일을 한 것이 아니라 10만 원이라는 돈을 바닥에 버린 것과 같습니다. 들어오는 돈에만 집중하느라, 그 돈을 벌기 위해 투입되는 당신의 에너지가 얼마나 비효율적으로 낭비되고 있는지 우리는 보지 못합니다.

시스템화되지 않은 주먹구구식 프로세스도 마찬가지입니다. 사람이기에 저지르는 실수, 그 실수를 수습하기 위해 들어가는 시간, 기분이 태도가 되어 망쳐버린 업무들. 이 모든 것이 눈에 보이지 않는 비용입니다. 지금 당장 종이를 꺼내 당신의 업무 리스트를 적어보십시오. 그리고 그중에서 "이건 내가 아니라 기계가 해도 되는 일인데?" 싶은 항목들에 빨간 줄을 그어보십시오. 그 빨간 줄들이 바로 당신의 통장에 난 가장 큰 구멍입니다. 당신의 육체는 그런 단순한 일을 하기에는 너무나 비싸고 고귀한 자원입니다.

지류의 한계 : 파편화된 수익은 결코 거대한 강이 되지 못한다

요즘 유행하는 N잡러들의 수익 구조를 들여다보면 흥미로운, 하지만 안타까운 공통점이 발견됩니다. 수익의 종류는 굉장히 다양합니다. 블로그에서 들어오는 몇만 원의 광고 수익, 가끔 들어오는 원고료, 주말에 배달해서 번 돈, 어쩌다 팔린 전자책 수익, 그리고 소소한 앱테크 포인트까지.

언뜻 보면 파이프라인이 여러 개라 안전하고 부유해 보일 수 있습니다. 하지만 이것은 달콤한 함정입니다. 우리는 이것을 지류의 한계라고 부릅니다. 지류란 큰 강으로 합류하지 못하고 흩어져 흐르는 작은 물줄기들을 말합니다. 산발적으로 발생하는 이 작은 수익들은 마치 가뭄이 들면 금방 말라버리는 작은 개울과 같습니다.

문제는 이 수익들이 서로 연결되어 시너지를 내지 못하고 각자 흐르다 증발해 버린다는 점입니다. 블로그 글을 쓴 노력이 유튜브 수익으로 이어지지 않고, 배달한 시간이 전자책 판매에 아무런 도움을 주지 않습니다. 모든 수익 활동이 독립된 섬처럼 떨어져 있습니다. 이렇게 파편화된 수익 구조에서는 하나의 수익원이 막히면 전체 수입이 흔들립니다. 블로그가 저품질에 걸리면 광고 수익이 날아가고, 몸이 아파 배달을 못하면 당장의 현금이 끊깁니다.

수익의 개수만 늘리는 것은 결코 정답이 아닙니다. 그것은 부의 파이프라인을 늘리는 것이 아니라, 당신이 관리해야 할 수도꼭지만 늘리는 꼴입니다. 수도꼭지가 많아질수록 관리의 피로도는 높아지고, 당신의 정신은 분산되며, 결국 어느 것 하나 제대로 키우지 못한 채 지쳐 쓰러지게 됩니다.

진짜 부자들은 수익원이 많은 사람이 아닙니다. 그들은 수많은 수익원들이 서로 연결되어 하나의 거대한 저수지로 모이도록 설계한 사람들입니다. 당신의 수익이 여기저기 흩어져 있다면, 그것은 강이 아니라 웅덩이에 불과합니다. 웅덩이는 흐르지 못하고, 결국 고여서 썩거나 말라버릴 운명입니다.

증발하는 노동의 비극 : 축적되지 않는 부업의 위험성

우리가 가장 경계해야 할, 그리고 가장 가슴 아픈 누수는 바로 축적되지 않는 노동에 내 인생을 갈아 넣는 것입니다. 지금 이 순간에도 수많은 사람이 'AI 부업'이라는 이름으로 포장된 단순 반복 업무에 매달리고 있습니다.

특정 플랫폼에서 시키는 대로 데이터를 라벨링하거나, 댓글을 달고, 단순히 글을 복사해 붙여넣는 일들을 생각해 봅시다. 일을 하는 순간에는 통장에 돈이 찍히니 안심이 됩니다. 하지만 냉정하게 자문해 보십시오. 내가 오늘 이 일을 10시간 한다고 해서, 내일 이 일을 더 적게 하고도 같은 돈을 벌 수 있습니까? 내가 일을 멈추면 수익은 어떻게 됩니까?

대부분은 고개를 가로저을 것입니다. 내가 일을 멈추는 순간 수익도 즉시 정지되는 구조. 이것은 엄밀히 말해 사업이나 자산 구축이 아닙니다. 그저 장소만 온라인으로 옮겨온, 디지털 인형 눈 붙이기와 다를 바 없는 변형된 형태의 아르바이트일 뿐입니다.

이런 노동의 가장 큰 비극은 휘발성에 있습니다. 오늘 흘린 땀이 내일의 자산으로 쌓이지 않고 공기 중으로 증발해 버립니다. 우리의 몸은 시간이 갈수록 늙고 지칩니다. 체력은 떨어지고 집중력은 흐려집니다. 그런데 내가 하는 일이 숙련도 외에는 아무런 자산 가치도 쌓이지 않는 일이라면, 당신은 평생 멈추지 않고 다람쥐 쳇바퀴를 돌려야 합니다. 쳇바퀴가 멈추는 순간 당신의 삶도 멈추기 때문입니다.

특히 AI 시대에 인간의 단순 노동력은 가장 먼저 가치가 폭락할 자원 1순위입니다. 지금 당신이 하고 있는 그 부업이 나만의 데이터, 나만의 팬덤, 나만의 알고리즘으로 축적되고 있는지 반드시 확인해야 합니다. 만약 그렇지 않다면, 당신은 지금 돈을 버는 것이 아니라 당신의 미래를 헐값에 팔아넘기고 있는 것일지도 모릅니다.

시스템의 부재 : 당신에게 필요한 것은 '그릇'이다

결국 이 모든 누수의 원인은 하나로 귀결됩니다. 바로 시스템, 즉 부를 담을 그릇의 부재입니다.

많은 사람이 "어떻게 하면 한 달에 100만 원을 더 벌까?"를 고민합니다. 하지만 당신에게 지금 당장 필요한 것은 100만 원이라는 물 한 바가지가 아닙니다. 그 100만 원이 흘러 들어왔을 때, 그것이 밖으로 새어 나가지 않고 거대한 자본의 에너지로 치환될 수 있는 거대한 댐이 필요합니다.

우리가 파트 3에서 구축하고자 하는 머니 댐의 철학은 명확합니다. 댐은 흐르는 물을 단순히 가두기만 하는 웅덩이가 아닙니다. 가둔 물을 제어하고 낙차를 이용해 엄청난 전기에 너지를 만들어내는 생산적인 인프라입니다. 부의 시스템도 이와 같아야 합니다. 흩어진 수익의 작은 물줄기들을 하나로 모으고, 그 모인 자본이 내가 잠든 사이에도 복리의 마법을 부리며 스스로 불어나게 만드는 구조를 만들어야 합니다.

초보자는 언제나 "무엇을(What) 해서 돈을 벌까?"라는 아이템에 집착합니다. "요즘 스마트스토어가 뜬다더라", "전자책이 좋다더라"하며 유행을 쫓아다닙니다. 하지만 상류의 설계자는 질문부터 다릅니다. 그들은 **"어떤 구조(Structure)를 만들어야 돈이 고이게 할까?"**를 고민합니다.

수익의 양이 당장은 적더라도 그릇이 완벽하면 걱정할 것이 없습니다. 빗방울이 조금만 떨어져도 그릇은 언젠가 가득 차게 되어 있으니까요. 하지만 그릇에 구멍이 났다면, 하늘에서 폭우가 쏟아져도, 심지어 한강 물을 통째로 들이부어도 당신에게 남는 것은 아무것도 없습니다.

결론적으로, 우리가 지어야 할 머니 댐은 당신의 소중한 노동이 허무하게 증발하지 않도록 막아주는 튼튼한 방벽이자, 푼돈이라 치부했던 작은 수익들을 모아 거대한 부의 동력으로 바꾸는 발전소가 될 것입니다.

이제 깨진 독을 끌어안고 물을 더 부어달라고 세상에 애원하는 일을 멈추십시오. 구멍 난 곳을 손으로 막으려 애쓰는 것도 그만두십시오. 대신, 물길 자체를 바꾸어 당신만이 통제할 수 있는 거대한 댐으로 연결하는 법을 배워야 합니다. 그 댐을 짓기 위한 첫 번째 삽, 이제 바로 다음 장에서 떠보겠습니다.

물을 가두어야 전기가 생긴다 :
부의 저수지, 콘텐츠 자산화,
데이터의 힘

우리는 지난 장에서 당신의 통장이 왜 밑 빠진 독처럼 느껴졌는지, 그리고 파편화된 수익들이 왜 거대한 부로 이어지지 못했는지 그 아픈 진실을 마주했습니다. 이제 우리는 그 구멍 난 독을 수선하는 단계를 넘어, 당신의 인생을 송두리째 바꿀 거대한 **부의 저수지**를 건설하는 공학적 설계에 착수해야 합니다. 산골짜기에서 흘러내려 오는 작은 시냇물은 그 자체로는 아무런 힘이 없습니다. 그 물에 발을 담그면 시원함을 느낄 수는 있겠지만, 거대한 도시의 불을 밝힐 전기를 만들어낼 수는 없습니다. 전기를 만들기 위해서는 흐르는 물을 한곳에 가두어 수위를 높이고, 그 압도적인 위치 에너지를 회전 동력으로 바꾸는 **댐(Dam)**이 필요합니다. 부의 원리도 이와 정확히 일치합니다. 이번 장에서는 당신의 지식과 인공지능이 만들어낸 결과물들을 어떻게 자산이라는 이름의 저수지에 가두고, 그것을 마르지 않는 현금 흐름이라는 전력으로 변환할 것인지 그 구체적인 공법에 대해 알려드리겠습니다.

잠재 에너지의 축적 :
시간이 흐를수록 스스로 몸집을 불리는 콘텐츠 자산

우리가 인공지능을 통해 생산하는 모든 결과물은 단순히 소비되고 사라지는 정보가 아니라, 당신의 저수지에 차곡차곡 쌓이는 물방울이어야 합니다. 하류의 노동자들은 오늘 한 시간 일해서 오늘 오만 원을 버는 '운동 에너지'에만 집중합니다. 하지만 지능형 자본가는 오늘 내가 만든 콘텐츠가 내일 얼마나 더 큰 가치를 가질 것인가라는 **잠재 에너지(Potential Energy)**에 주목합니다. 이것이 바로 콘텐츠 자산화의 본질입니다. 노동은 투입되는 즉시 증발하지만, 자산은 시간이 흐를수록 복리의 마법을 부리며 스스로의 가치를 키워나갑니다.

당신이 인공지능과 협력하여 만든 유튜브 영상 한 편, 정교하게 작성된 블로그 포스팅 하나는 당신의 댐을 구성하는 견고한 벽돌입니다. 처음 몇 장의 벽돌을 쌓을 때는 아무런 변화가 없는 것처럼 보일 수 있습니다. 물은 여전히 틈새로 빠져나가고 전기는커녕 웅덩이조차 만들어지지 않는 것처럼 느껴져 조급함이 생길지도 모릅니다. 하지만 설계자는 이 시기를 **임계점을 향한 축적의 시간**으로 정의합니다. 벽돌이 쌓여 수위가 높아지는 순간, 과거에 공들여 쌓았던 모든 벽돌은 아래에서부터 차오르는 물의 무게를 견디며 거대한 압력을 만들어 냅니다. 1년 전에 올린 영상이 오늘 갑자기 알고리즘의 선택을 받아 폭발적인 수익을 가져다주는 현상은 요행이 아닙니다. 그것은 당신이 쌓아온 잠재 에너지가 임계점에 도달하여 터져 나오는 물리적인 결과일 뿐입니다.

자산화된 콘텐츠는 늙지 않습니다. 오히려 시간이 흐를수록 검색 엔진과 플랫폼의 신뢰를 얻으며 더 강력한 권위를 갖게 됩니다. 인공지능은 이러한 자산화 과정을 극적으로 가속화합니다. 인간이 일생을 바쳐야 쌓을 수 있는 정보의 양을 인공지능은 단 몇 개월 만에 완벽한 체계로 구축해 줍니다. 당신의 저수지는 인공지능이라는 초고성능 펌프를 통해 유례없는 속도로 채워질 것입니다. 지금 당장의 수익이 적다고 실망하지 마십시오. 당신은 지금 현금을 줍고 있는 것이 아니라, 평생 마르지 않을 거대한 호수를 파고 있는 중입니다. 수면 아래에서 소리 없이 차오르는 그 거대한 잠재 에너지의 힘을 믿으십시오.

영상 콘텐츠 댐 건설 공법 :
산발적인 정보를 하나의 거대한 주제 아래 응집시키는 방법

댐을 건설할 때 가장 중요한 것은 물길이 여기저기 흩어지지 않게 하나의 계곡으로 모으는 것입니다. 많은 초보 설계자가 저지르는 실수는 이것저것 돈이 될 법한 주제들을 백화점식으로 나열하는 것입니다. 오늘은 주식 이야기를 하다가 내일은 요리법을 올리고, 모레는 여행 정보를 공유하는 방식은 저수지를 만드는 것이 아니라 사막에 물을 뿌리는 것과 같습니다. 지능형 자본가는 자신의 모든 리소스를 하나의 **거대한 주제(Grand Theme)** 아래 집중시킵니다. 이것이 바로 독보적인 가치를 응집시키는 댐 건설 공법의 핵심입니다.

인공지능을 활용해 당신이 공략할 분야의 전체 지도를 그리십시오. 그리고 그 지도 위에서 가장 깊은 골짜기를 찾아 그곳에 당신의 댐을 세워야 합니다. 주제가 좁고 깊을수록 물을 가두기는 더 쉬워집니다. 예를 들어 단순히 '재테크'라는 넓은 평지보다는 '30대 사회초년생을 위한 소액 부동산 경매'라는 좁은 계곡을 선택하십시오. 그리고 그 주제와 관련된 모든 의문과 해결책, 데이터를 인공지능과 함께 샅샅이 뒤져 콘텐츠로 만드십시오. 산발적으로 흩어져 있던 정보들이 당신의 채널이라는 댐 아래 모여 하나의 거대한 지식 체계를 형성하는 순간, 당신은 그 분야의 압도적인 권위자가 됩니다.

가치의 응집은 플랫폼 알고리즘을 유혹하는 가장 강력한 향기가 됩니다. 유튜브나 구글의 인공지능은 특정 주제에 대해 깊이 있고 일관된 정보를 제공하는 채널을 발견하면, 그곳을 해당 주제의 '본류'로 인식하기 시작합니다. 본류로 인정받는 순간, 플랫폼은 주변의 모든 트래픽을 당신의 댐으로 흘려보내 줍니다. 인공지능 직원들에게 명령하십시오. "이 주제와 관련하여 사람들이 궁금해할 수 있는 모든 롱테일 키워드를 추출하고, 이를 하나의 거대한 서사로 엮어 콘텐츠 파이프라인을 구축하라." 당신의 댐은 그렇게 정교한 설계 아래 한 치의 오차도 없이 완성될 것입니다. 흩어지면 휘발되지만, 모이면 권력이 됩니다.

위치 에너지의 활용 :
쌓인 데이터가 어떻게 자동적인 현금 흐름으로 변환되는가

댐에 물이 가득 차면 이제는 그 물을 떨어뜨려 터빈을 돌릴 차례입니다. 높은 곳에 있는 물이 아래로 떨어지며 발생하는 에너지를 우리는 **위치 에너지**라고 부릅니다. 콘텐츠 자산의 세계에서 위치 에너지란 당신이 쌓아온 데이터와 인지도가 만들어내는 **영향력의 높이**를 의미합니다. 수위가 높을수록 수문만 열면 전기는 저절로 생산됩니다. 당신이 구축한 저수지의 규모가 커질수록, 당신은 더 이상 돈을 벌기 위해 애걸할 필요가 없습니다. 돈이 스스로 당신의 터빈을 돌리기 위해 줄을 서게 됩니다.

위치 에너지가 현금 흐름으로 변환되는 메커니즘은 매우 우아합니다. 당신의 채널에 수천 개의 영상과 글이 쌓여 있고, 그 데이터들이 유기적으로 연결되어 있다면 독자들은 당신의 저수지 안에서 길을 잃고 오랫동안 머물게 됩니다. 하나의 영상을 보면 인공지능 알고리즘이 당신의 또 다른 관련 영상을 추천하고, 그 영상은 다시 당신의 블로그 포스팅으로 연결됩니다. 이 과정에서 발생하는 조회수 수익, 광고 클릭, 제휴 링크 구매 등은 모두 당신이 의도적으로 조작하지 않아도 발생하는 자동적인 결과물입니다. 당신은 그저 수문을 얼마나 열지, 어떤 방향으로 전기를 보낼지만 결정하면 됩니다.

또한 축적된 데이터는 그 자체로 강력한 상품이 됩니다. 수천 명의 시청자 반응과 검색 유입 데이터를 보유하고 있다는 것은, 시장의 니즈를 누구보다 정확히 꿰뚫고 있다는 뜻입니다. 당신은 이 데이터를 바탕으로 인공지능에게 "현재 우리 저수지를 찾는 사람들이 가장 갈망하는 유료 상품이 무엇인지 분석하라"고 시킬 수 있습니다. 그리고 그 분석 결과를 토대로 단 하루 만에 맞춤형 전자책이나 유료 강의, 혹은 특정 솔루션을 출시하여 위치 에너지를 폭발적인 수익으로 치환할 수 있습니다. 수위가 낮을 때는 아무리 소리를 질러도 들리지 않지만, 수위가 높아지면 당신의 작은 속삭임 하나도 거대한 파동이 되어 시장을 뒤흔듭니다. 이것이 바로 자본가가 누리는 위치 에너지의 힘입니다.

저수지의 규모 경제 : 데이터 댐이 커질수록 알고리즘의 선택을 받을 확률이 기하급수적으로 올라가는 원리

우리는 이제 **규모의 경제(Economies of Scale)**라는 개념을 디지털 자산에 대입해야 합니다. 저수지가 작을 때는 가뭄이 오면 금세 바닥이 드러나고, 물살이 약해 터빈을 돌리기도 쉽지 않습니다. 하지만 저수지가 바다처럼 커지면 외부의 작은 환경 변화에 흔들리지 않는 거대한 관성이 생깁니다. AI 머니 플로우의 세계에서는 당신이 보유한 데이터의 총량이 곧 당신의 체급이 됩니다. 체급이 올라갈수록 플랫폼의 알고리즘은 당신을 편애하기 시작합니다.

왜 플랫폼은 거대한 저수지를 선호할까요. 답은 간단합니다. 그들은 사용자를 자신들의 플랫폼에 오랫동안 묶어두고 싶어 하기 때문입니다. 방대한 양의 고품질 콘텐츠를 체계적으로 보유한 채널은 플랫폼 입장에서 가장 소중한 파트너입니다. 당신의 댐에 물이 많을수록 인공지능 알고리즘은 안심하고 더 많은 사람을 당신에게 보냅니다. "이곳에 가면 사용자가 원하는 모든 것이 있으니, 여기로 보내자"고 판단하는 것입니다. 이 선택을 받는 확률은 자산의 양에 비례하는 것이 아니라, 특정 지점을 넘어서는 순간 기하급수적으로 폭등합니다. 이것을 우리는 **알고리즘의 플라이휠**(Flywheel) 효과라고 부릅니다.

데이터 댐이 커지면 인공시능의 생산 효율도 비약적으로 상승합니다. 이미 쌓여 있는 수만 개의 텍스트와 이미지, 영상 소스는 새로운 콘텐츠를 만들 때 훌륭한 원료가 됩니다. 인공지능은 당신의 저수지 안에 있는 기존 자산들을 재조합하고 변주하여, 남들이 0에서 시작할 때 당신은 90에서 시작하게 만들어줍니다. 자산이 자산을 낳고, 데이터가 데이터를 부르는 무한 증식의 궤도에 진입하는 것입니다. 규모의 경제를 달성한 설계자는 더 이상 시장의 눈치를 보지 않습니다. 오히려 시장이 당신의 저수지 수위가 언제쯤 더 높아질지, 다음 수문 개방은 언제일지 숨죽이며 기다리게 됩니다. 당신의 댐은 단순한 수익원을 넘어, 그 분야의 거대한 생태계 그 자체가 될 것입니다.

지금까지 우리는 부의 저수지를 건설하는 법과 그 속에 담긴 데이터의 마법에 대해 살펴보았습니다. 이제 당신은 선택해야 합니다. 매일 무거운 양동이를 들고 산을 오르내리며 물을 파는 고단한 물장수로 남을 것인지, 아니면 거대한 계곡을 막아 댐을 건설하고 영원히 마르지 않는 전기를 생산하는 설계자가 될 것인지 말입니다. 물장수의 수입은 당장 눈에 보일지 모르지만, 그가 아프거나 지치는 순간 수입은 멈춥니다. 하지만 댐의 주인은 자신이 잠든 사이에도 수위가 높아지는 것을 확인하며 평온한 미소를 지을 수 있습니다.

저수지를 만드는 일은 처음에는 지루하고 고통스러울 수 있습니다. 삽질 한 번에 물 한 바가지가 채워지지 않는 현실에 좌절할 수도 있습니다. 하지만 인공지능이라는 거대한 중장비가 당신의 손에 쥐어져 있음을 기억하십시오. 당신은 과거의 설계자들이 평생에 걸쳐 해야 했던 일을 단 몇 달 만에 해낼 수 있는 축복받은 시대에 살고 있습니다. 인공지능은 당신의 명령에 따라 24시간 쉬지 않고 흙을 파고 벽돌을 쌓을 것입니다. 당신이 해야 할 일은 오직 댐의 위치를 정확히 잡고, 물길이 새나가지 않도록 설계도를 꼼꼼히 체크하는 것입니다.

부의 저수지가 완성되는 그날, 당신은 비로소 노동의 굴레에서 영원히 해방될 것입니다. 댐에서 쏟아져 나오는 거대한 물줄기가 터빈을 돌리며 당신의 인생에 찬란한 전기를 공급하기 시작할 것입니다. 그 전기로 당신은 사랑하는 사람들의 앞날을 밝히고, 당신이 꿈꾸던 진정한 자유의 풍경을 마음껏 조각하십시오. 물을 가두십시오. 자산을 축적하십시오. 그리고 데이터가 만들어내는 압도적인 에너지를 즐기십시오. 상류의 설계자들은 그렇게 저수지의 깊이만큼 깊은 부를 소유하게 됩니다. 이제 당신의 댐 건설을 위한 첫 번째 벽돌을 놓으십시오.

증발하지 않는 수익 구조 : 플랫폼과 알고리즘을 가두는 법

우리는 흔히 유튜브 채널의 구독자가 십만 명이 넘거나 인스타그램 팔로워가 오만 명에 육박하면, 마치 강남 한복판에 튼튼한 빌딩을 한 채 올린 것 같은 든든함을 느낍니다. 매달 들어오는 광고 수익과 협찬 제안은 그 착각을 더욱 공고하게 만듭니다. 하지만 냉정하게 비즈니스의 등기부 등본을 떼어본다면, 그 화려한 디지털 영토는 당신의 소유가 아닙니다. 그곳은 유튜브와 메타, 그리고 구글이라는 거대 지주들이 당신에게 잠시 빌려준 임대지일 뿐입니다. 플랫폼이 정책을 바꾸거나 알고리즘이라는 변덕스러운 비를 내리지 않으면, 당신의 비옥했던 농토는 하루아침에 쩍쩍 갈라진 가뭄의 땅으로 변해버립니다. 우리는 언제 쫓겨날지 모르는 소작농의 불안함을 안고 살아가고 있는 것입니다. 진정한 머니 댐의 완성은 외부 환경에 내 수익을 맡기는 것이 아니라, 플랫폼이라는 거대한 강줄기를 내 댐으로 강제로 끌어들여 **증발하지 않는 나만의 생태계**를 구축하는 데 있습니다. 이제 알고리즘에 비가 오기를 기도하며 구걸하는 단계에서 벗어나, 알고리즘을 통제하고 그 물을 영원히 가두는 치수 사업을 시작해야 합니다. 이번 장에서는 당신의 수익을 플랫폼의 인질로 잡히지 않게 만드는, 가장 독립적이고 견고한 요새 구축법을 알려드리겠습니다.

가뭄 대비 전략 :
특정 플랫폼에 종속되지 않는 지하 저수지의 확보

농부가 하늘만 바라보며 기우제를 지내는 심정으로 비가 오기를 기다린다면, 그 농사는 이미 실패한 것이나 다름없습니다. 마찬가지로 유튜버가 알 수 없는 알고리즘의 간택만을 기다리며 매일 새로 고침을 누르고 있다면, 그는 사업가가 아니라 도박꾼에 가깝습니다. 부의 자율주행 설계자는 플랫폼이라는 하늘이 닫혔을 때, 즉 내 채널이 이유 없이 정지를 당하거나 노출이 급감했을 때를 대비한 **지하 저수지**를 반드시 확보해야 합니다. 이 지하 저수지의 실체는 바로 **독립적인 데이터베이스(DB)**입니다. 플랫폼이 당신의 계정을 삭제하더라도 즉시 소통할 수 있는 고객의 이메일, 전화번호, 혹은 당신이 직접 통제할 수 있는 커뮤니티의 회원 명부를 확보하는 것입니다.

이것은 플랫폼이라는 타인의 영토에 살고 있는 유목민들을 당신이 소유한 영구적인 영토로 이주시키는 대규모 이민 프로젝트와 같습니다. 많은 크리에이터가 플랫폼 안에서만 소통하려 하지만, 지능형 자본가는 플랫폼을 단순히 고객을 만나는 접점으로만 활용합니다. 영상의 마지막에, 블로그의 하단에, 인스타그램의 프로필 링크에 끊임없이 당신의 지하 저수지로 통하는 파이프를 심어두십시오. "이 영상의 요약본 PDF를 무료로 드립니다", "AI 활용 템플릿을 메일로 보내드립니다"와 같은 매력적인 미끼를 던져 고객이 스스로 자신의 연락처를 남기게 만들어야 합니다. 인공지능은 이 과정을 자동화하는 데 탁월한 능력을 발휘합니다. 고객이 이메일을 남기는 순간, 인공지능은 자동으로 약속된 자료를 발송하고 그 고객을 당신의 충성 고객 리스트에 분류하여 저장합니다. 이렇게 확보된 데이터베이스는 구글이나 유튜브가 망해도 사라지지 않는 당신만의 온전한 자산이 됩니다.

또한 가뭄을 이기는 유일한 방법은 물길을 하나만 두지 않는 것입니다. 유튜브라는 큰 강에서 물을 끌어오되, 동시에 인스타그램, 틱톡, 블로그, 핀터레스트, 링크드인이라는 보조 수로를 동시에 가동해야 합니다. 이것을 우리는 **멀티 채널 파이프라인** 전략이라고 부릅니다. 한쪽 수로가 막히거나 공사 중이라도 다른 쪽에서 유입되는 물길이 끊기지 않도록 수익원을 다각화하는 것입니다. 과거에는 혼자서 이 모든 채널을 관리하는 것이 불가능했지만, 지금은 인공지능이 있습니다. 인공지능은 유튜브용으로 제작된 긴 영상을 1분 미만의 쇼츠로 자르고, 그 내용을 요약하여 블로그 포스팅으로 변환하며, 핵심 문구를 추출하여 인스타그램 카드 뉴스로 재가공하는 원소스 멀티 유즈(OSMU)의 마법을 순식간에 부립니다. 당신의 메시지가 다양한 형태의 그릇에 담겨 전방위적으로 뿌려질 때, 특정 플랫폼의 변덕은 당신의 제국을 흔들지 못하는 미풍에 불과하게 됩니다.

알고리즘 치수(治水) 사업 :
내 논에 물이 계속 들어오게 만드는 수로 정비

치수 사업이란 물의 흐름을 인위적으로 다스려 인간에게

이롭게 사용하는 것을 말합니다. 플랫폼의 알고리즘을 단순히 알 수 없는 운이나 신의 영역으로 치부하지 마십시오. 알고리즘은 철저하게 수학적인 로직에 의해 움직이는 기계일 뿐입니다. 우리는 정교한 **기술적 수로**를 정비하여 트래픽이라는 물이 강제로 내 시스템으로 흐르게 만들어야 합니다. 이를 위해 필요한 첫 번째 기술은 **알고리즘 로직의 역설계**(Reverse Engineering)입니다. 플랫폼이 어떤 콘텐츠를 좋아하는지, 어떤 데이터를 고평가하는지 인공지능을 통해 정밀하게 분석하십시오. 유튜브는 시청 지속 시간을, 인스타그램은 저장과 공유 횟수를, 블로그는 체류 시간을 중요하게 여깁니다.

인공지능 분석 도구를 활용해 현재 당신의 분야에서 알고리즘의 선택을 받은 상위 1%의 콘텐츠들을 해부하십시오. 그들은 어떤 키워드를 썼는지, 영상의 초반 5초에 어떤 후킹 요소를 배치했는지, 썸네일의 색감은 어떠한지 패턴을 찾아내야 합니다. 그리고 인공지능에게 그 패턴을 학습시켜, 알고리즘이 가장 좋아하는 형태의 '먹이'를 던져주십시오. 알고리즘은 당신의 콘텐츠가 사용자들을 플랫폼에 오래 머물게 한다는 확신이 들면, 보상으로 거대한 트래픽의 수문을 열어줍니다. 이것은 운이 아니라, 기계와 기계가 나누는 대화이자 협상입니다.

또한 검색 최적화(SEO)와 클릭을 부르는 장치들은 물길을 내 논으로 유도하는 '보(洑)'와 같습니다. 아무리 좋은 물이 흘러도 내 논으로 들어오는 입구가 막혀 있다면 소용이 없습니다. 인공지능을 활용해 사람들이 검색할 만한 질문들을 미리 파악하고, 그 질문에 대한 답을 당신의 콘텐츠 곳곳에 심어두십시오. 제목, 설명란, 태그, 본문 등 인공지능이 읽을 수 있는 모든 곳에 이정표를 세워두어야 합니다. 트래픽이 길을 잃지 않고 당신의 시스템으로 들어와 머물 수 있도록 디지털 수로를 매끄럽게 닦아놓는 것, 이것이 바로 설계자가 해야 할 가장 기본적인 유지 보수 작업입니다. 물은 낮은 곳으로 흐르고, 트래픽은 최적화된 곳으로 흐릅니다.

락인(Lock-in) 효과 : 들어온 고객이 나가지 않는 디지털 요새

댐에 물을 힘들게 가두었다면, 그 물이 다시 밖으로 새어 나가지 않도록 견고한 벽을 쌓아야 합니다. 한 번 내 시스템을 경험한 고객이 다른 곳으로 눈을 돌리지 못하게 만드는 장치들이 필요합니다. 이것을 마케팅 용어로 **락인(Lock-in) 효과**라고 합니다. 락인 효과를 만드는 첫 번째 방법은 **독보적인 가치의 루프**를 구축하는 것입니다. 고객이 당신의 콘텐츠를 하나 소비하면, 자연스럽게 다음 콘텐츠가 궁금해지고, 그다음에는 당신이 판매하는 상품으로 이어지게 만드는 '콘텐츠 체인'을 설계하십시오.

예를 들어 '다이어트 식단' 영상을 본 고객에게 영상 마지막에 "이 식단으로 일주일 만에 3kg 뺀 사람들의 후기가 궁금하다면 고정 댓글의 링크를 확인하세요"라고 유도합니다. 링크를 타고 블로그에 온 고객에게는 다시 "체형별 맞춤 운동법이 담긴 무료 전자책을 받고 싶다면 이메일을 남기세요"라고 제안합니다. 이렇게 꼬리에 꼬리를 무는 가치의 사슬에 묶인 고객은 당신의 생태계 안에서 빙글빙글 돌며 팬이 되어갑니다. 인공지능은 이 연결 고리들이 끊어지지 않도록 각 단계마다 최적의 제안을 자동으로 팝업으로 띄우거나 메시지를 보내는 역할을 수행합니다.

두 번째 방법은 **커뮤니티와 소속감**을 제공하는 것입니다. 단순한 정보 전달을 넘어, 고객들이 서로 소통하고 머물 수 있는 커뮤니티라는 울타리를 제공하십시오. 사람은 가치가 있는 곳에 머물지만, 감정이 연결된 곳에서는 떠나지 못합니다. 네이버 카페든, 디스코드 채널이든, 카카오톡 오픈 채팅방이든 당신의 주제를 중심으로 사람들이 모여 떠들 수 있는 광장을 만드십시오. 그리고 그 광장의 관리를 인공지능 챗봇이나 자동화 툴에게 맡기십시오. 커뮤니티가 활성화되면 당신이 새로운 콘텐츠를 만들지 않아도 고객들끼리 데이터를 생산하고 소비하며 자생적인 생태계를 만들어갑니다. 이것이 바로 트래픽을 영원히 가두는 보이지 않는 강력한 댐의 벽이 됩니다. 당신은 그저 그 커뮤니티의 리더로서 존재감을 유지하기만 하면 됩니다.

증발 차단막 설치 : 휘발되는 트래픽을 고정 자산으로 전환하기

웹사이트를 방문하고 그냥 떠나버리는 수만 명의 트래픽은 한여름의 햇볕에 증발해 버리는 물방울과 같습니다. 아무리 많은 사람이 다녀가도 당신에게 남는 것이 없다면 그것은 헛수고입니다. 이 휘발되는 에너지를 붙잡아 **액체 자산**으로 고정시켜야 합니다. 이를 위한 가장 강력한 도구는 **유료 구독 및 멤버십 모델**입니다. 매번 새로운 고객을 찾아 헤매는 사냥꾼의 방식 대신, 나를 신뢰하는 고정 팬층을 확보하여 매달 안정적인 수익을 만들어내는 '구독의 차단막'을 설치하십시오.

월 5,000원이라도 좋습니다. 당신의 찐 팬들에게 남들은 모르는 프리미엄 정보를 제공하거나, 당신과 직접 소통할 수 있는 권한을 주는 멤버십을 만드십시오. 천 명의 지나가는 행인보다 10명의 유료 구독자가 당신의 시스템을 훨씬 더 단단하게 만듭니다. 구독 모델은 다음 달의 수익을 예측 가능하게 만들어주며, 이는 시스템을 운영하는 데 있어 엄청난 심리적 안정감을 줍니다. 인공지능은 멤버십 회원들의 활동을 분석하여 이탈 징후가 보이는 회원에게 자동으로 혜택을 제시하거나 안부 메일을 보내는 등, 집사처럼 세심하게 그들을 관리합니다.

또한 **뉴스레터**는 가장 고전적이지만 가장 강력한 증발 차단막입니다. 플랫폼의 알고리즘은 언제든 당신의 입을 막을 수 있지만, 뉴스레터는 당신이 원할 때 언제든 고객의 메일함으로 직행할 수 있는 직통전화와 같습니다. 알고리즘의 간섭 없이 백 퍼센트의 도달률을 자랑하는 뉴스레터를 통해 고객과 깊은 관계를 맺으십시오. 뉴스레터 발송 역시 인공지능이 당신의 블로그 글을 요약하거나, 한 주간의 업계 뉴스를 큐레이션하여 자동으로 작성하고 발송할 수 있습니다. 알고리즘이라는 바람에 날려갈 뻔한 트래픽을 당신의 댐 안에 고정 수위로 유지시켜 주는 것, 이것이 바로 뉴스레터의 힘입니다.

결론적으로 이번 장의 핵심은 **주도권의 탈환**입니다. 플랫폼이 주는 트래픽에 감사하며 눈치를 보는 소작농의 단계를 넘어, 플랫폼의 트래픽을 내 시스템이라는 댐 안에 가두고 관리하는 영주가 되십시오. 땅은 빌려 쓰고 있을지 몰라도, 그 땅에서 수확한 곡식과 물은 온전히 당신의 창고에 쌓아야 합니다. 그것이 가능할 때 당신은 비로소 외부 환경의 변화에 흔들리지 않는 독립적인 자본가로 설 수 있습니다.

물이 증발하지 않고 댐 안에 가득 차 있을 때, 당신의 머니 댐은 비로소 사계절 내내 마르지 않는 막강한 수익 에너지를 생산하게 될 것입니다. 가뭄이 와도 당신의 저수지에는 물이 있고, 폭풍우가 쳐도 당신의 댐은 무너지지 않습니다. 인공지능과 데이터베이스, 그리고 자동화된 락인 장치들이 당신의 제국을 철옹성처럼 지키고 있기 때문입니다. 이제 남의 땅을 경작하는 것에 만족하지 말고, 당신만의 지하 저수지를 파기 시작하십시오. 그 깊고 어두운 곳에 고인 물이 언젠가 당신을 가장 높은 곳으로 올려줄 생명수가 될 것입니다.

우리는 이제 시스템을 지키는 법까지 배웠습니다. 이제 남은 것은 이 견고한 시스템 위에서 실제로 첫 번째 수익을 만들어내는 짜릿한 경험입니다. 이론과 설계가 현실의 돈으로 바뀌는 그 마법 같은 순간을 향해, 우리는 다음 장으로 거침없이 나아갈 것입니다. 당신의 댐은 준비되었습니다. 이제 수문을 열고 전기를 생산하십시오.

마르지 않는 샘물 :
AI가 스스로 변환하고 증식하는
머니 사이클

우리는 지금까지 댐을 건설하고 물을 가두며, 그 물이 증발하지 않도록 막는 법을 배웠습니다. 이것만으로도 당신은 이미 상위 1%의 시스템 소유자가 되었습니다. 하지만 진정한 지능형 자본가의 야망은 여기서 멈추지 않습니다. 고여 있는 물은 언젠가 썩거나 마를 수 있다는 자연의 섭리를 거스르기 위해, 우리는 이제 **스스로 물을 만들어내는 샘물**, 즉 인공지능이 스스로 콘텐츠를 변환하고 증식시키는 무한의 머니 사이클을 구축해야 합니다. 이것은 단순히 더하기의 영역이 아님니다. 하나의 소스가 열 개의 소스로, 열 개의 소스가 다시 백 개의 자산으로 폭발하는 곱셈의 영역이자, 물리 법칙을 초월하는 디지털 연금술의 세계입니다. 이번 장에서는 당신의 개입을 극도로 줄이면서도 시스템이 스스로 덩치를 키워나가는 자가 증식의 메커니즘과, 수익이 다시 수익을 낳는 무한 동력의 머니 휠 전략에 대해 알려드리겠습니다.

원소스 멀티 유즈의 자동화 :
씨앗 하나로 울창한 숲을 만드는 증식 기법

과거의 콘텐츠 생산 방식은 지극히 정직하고 미련했습니다. 블로그 글을 쓰려면 글을 써야 했고, 영상을 만들려면 영상을 찍어야 했습니다. 글을 영상으로 바꾸려면 사람이 일일이 다시 대본을 쓰고 편집을 해야 했기에, 하나의 콘텐츠를 다른 형태로 변환하는 것은 배보다 배꼽이 더 큰 작업이었습니다. 하지만 인공지능 시대에 이러한 칸막이는 완전히 무너졌습니다. 이제 당신은 단 하나의 **원천 소스(Source Content)**만 있으면, 인공지능이라는 공장을 통해 수십 가지 형태의 파생 상품을 동시에 생산할 수 있습니다. 이것이 바로 원소스 멀티 유즈(OSMU)의 진정한 자동화입니다.

가장 강력한 시나리오는 유튜브 영상을 중심으로 돌아갑

니다. 당신이 인공지능 유튜버를 통해 10분짜리 정보를 담은 롱폼 영상을 하나 만들었다고 가정해 봅시다. 과거라면 이것은 유튜브라는 플랫폼 하나에만 올라가는 단일 상품이었습니다. 하지만 지금은 다릅니다. 영상이 완성되는 즉시 인공지능(예: Whisper, GPT-4)이 영상 속의 음성을 텍스트로 추출하고, 이를 가독성 좋은 블로그 포스팅 형태로 재가공합니다. 단순히 받아쓰기를 하는 수준이 아니라, 블로그 독자들이 좋아하는 문체와 구성을 갖춘 완벽한 글로 다시 태어나는 것입니다. 이렇게 생성된 글은 당신의 티스토리나 워드프레스 블로그에 자동으로 발행되어 구글 검색 트래픽을 끌어옵니다.

여기서 끝이 아닙니다. 인공지능 편집 도구(예: Opus Clip, Vrew)는 당신의 10분짜리 영상에서 가장 흥미진진하고 조회수가 터질만한 하이라이트 구간을 스스로 찾아내어, 1분 미만의 숏폼 영상 5~6개로 잘라냅니다. 세로형 비율로 변환하고, 자막을 입히고, 배경음악을 까는 모든 과정이 클릭 한 번으로 이루어집니다. 이렇게 만들어진 숏폼들은 유튜브 쇼츠, 인스타그램 릴스, 틱톡으로 동시에 퍼져나가며 본편 영상으로 유입되는 미끼 역할을 수행합니다. 또한 인공지능 번역기(DeepL)는 당신의 블로그 글을 영어, 일본어, 스페인어로 번역하여 전 세계 플랫폼에 배포합니다. 당신은 분명 영상 하나를 만들었을 뿐인데, 정신을 차리고 보면 블로그 글, 숏폼 영상, 카드 뉴스, 해외 포스팅 등 수십 개의 콘텐츠가 인터넷 세상을 떠돌고 있는 기적을 목격하게 됩니다. 씨앗 하나를 심었는데 다음 날 눈을 떠보니 숲이 되어 있는 것, 이것이 바로 인공지능이 선사하는 증식의 마법입니다.

자가 증식 시스템 :
죽은 콘텐츠를 되살려 부활시키는 네크로맨서의 기술

콘텐츠는 태어나는 순간부터 노화가 시작됩니다. 일주일만 지나도 피드에 묻혀 사람들의 기억 속에서 사라지고, 조회수는 멈춥니다. 하류의 크리에이터들은 이 죽은 콘텐츠를 방치하고 또다시 새로운 콘텐츠를 만들기 위해 쳇바퀴를 돌립니다. 하지만 설계자는 이미 만들어둔 자산이 먼지를 뒤집어쓰는 꼴을 보지 못합니다. 우리는 인공지능을 **네크로맨서** (Necromancer)로 활용하여, 기존에 쌓인 콘텐츠를 스스로 재가공하고 부활시켜 새로운 수익원을 끊임없이 만들어내는 자가 증식 시스템을 가동합니다.

당신의 블로그에 지난 1년간 쌓인 글이 100개라고 칩시다. 인공지능에게 이 글들을 주제별로 분류하게 하고, 각 주제를 엮어 하나의 목차를 구성하게 하십시오. 그리고 인공지능 작가에게 이 목차를 바탕으로 서문을 쓰고, 문체를 다듬어 한 권의 전자책으로 묶어달라고 명령하십시오. 당신이 쓴 낱개의 글들은 그저 무료 정보였지만, 인공지능이 체계적으로 엮어낸 전자책은 만 원, 이만 원에 팔리는 유료 상품이 됩니다. 당신은 새로운 글을 쓰지 않고도, 과거의 노동을 재활용하여 새로운 수익 파이프라인을 개설한 것입니다. 이것은 디지털 자원의 업사이클링이자, 노동의 가치를 극한까지 짜내는 지능적인 전략입니다.

영상 역시 마찬가지입니다. 1년 전에 올렸던 영상의 조회 수가 멈췄다면, 인공지능에게 그 영상의 스크립트를 주며 "현재 최신 트렌드와 유행어를 반영해서 더 자극적으로 수정해 줘"라고 요청하십시오. 그리고 썸네일 생성 AI에게 "요즘 유행하는 스타일로 썸네일을 다시 그려줘"라고 시키십시오. 내용이 비슷해도 포장지가 바뀌면 알고리즘은 그것을 새로운 콘텐츠로 인식합니다. 과거의 자산을 조금만 비틀어 재발행하는 것만으로도 당신은 신규 트래픽을 창출할 수 있습니다. 인공지능은 지치지 않고 당신의 데이터베이스를 뒤지며 부활시킬 자산이 없는지 탐색합니다. 이 시스템 안에서 버려지는 노력은 단 1%도 존재하지 않습니다. 모든 것은 다시 태어나고, 다시 돈이 됩니다.

순환 계통 설계 : 수익이 다시 마케팅이 되는 선순환의 고리

마르지 않는 샘물의 핵심은 물이 밖으로 빠져나가는 것이 아니라, 다시 펌프를 타고 위로 올라와 순환하는 구조에 있습니다. 많은 사람이 번 돈을 곧바로 소비해 버리기에 댐의 수위는 늘 제자리걸음입니다. 지능형 자본가는 시스템에서 발생한 수익의 일부를 다시 시스템의 덩치를 키우는 연료로 재투입하는 **순환 계통**(Circular System)을 설계합니다. 돈이 돈을 버는 구조를 인공지능으로 자동화하는 것입니다.

예를 들어, 전자책 판매로 100만 원의 수익이 발생했다고 가정합시다. 하류의 마인드는 이 돈으로 맛있는 것을 사 먹을 생각을 합니다. 하지만 설계자는 이 100만 원을 인공지능 광고 집행 시스템에 자동으로 이체되도록 세팅합니다. 인공지능 마케터는 이 예산으로 타겟 고객에게 정밀한 페이스북/인스타그램 광고를 집행하여 낭신의 랜딩 페이지로 트래픽을 유도합니다. 100만 원의 광고비는 300만 원의 매출로 돌아오고, 시스템은 다시 그중 150만 원을 다음 달 마케팅 예산으로 떼어놓습니다.

이 과정에서 인간의 개입은 필요 없습니다. "수익의 30%는 무조건 마케팅 계좌로, 20%는 더 좋은 유료 AI 툴 구독료로, 나머지 50%만 내 생활비 계좌로 이체하라"는 알고리즘을 짜

두면 됩니다. 시스템이 벌어온 돈이 다시 시스템의 성능을 높이는 그래픽 카드가 되고, 더 많은 고객을 불러오는 확성기가 되는 것입니다. 수익이 커질수록 마케팅의 화력은 강해지고, 마케팅이 강해질수록 수익은 더 커지는 이 아름다운 선순환의 고리가 완성될 때, 당신의 비즈니스는 외부의 수혈 없이도 영원히 작동하는 영구 기관에 가까워집니다.

무한 동력의 실현 :
스스로 굴러가며 덩치를 키우는 머니 휠 전략

이제 마지막 단계는 이 모든 과정이 하나의 거대한 바퀴처럼 맞물려 돌아가게 만드는 **머니 휠(Money Wheel) 전략**입니다. 처음에는 바퀴를 굴리기 위해 당신이 힘껏 밀어야 했지만, 일단 관성이 붙은 바퀴는 스스로의 무게와 속도에 의해 굴러갑니다. 원소스 멀티 유즈로 콘텐츠가 증식되고, 자가 증식 시스템으로 과거의 자산이 부활하며, 순환 계통 설계를 통해 자본이 재투자되는 이 삼박자가 맞아떨어질 때, 당신의 시스템은 무한 동력에 가까운 생명력을 얻게 됩니다.

이때 관리자인 당신의 역할은 바퀴를 미는 것이 아니라, 바퀴가 궤도를 이탈하지 않는지 지켜보는 '옵저버(Observer)'로 변모합니다. 하루에 한 번 대시보드를 열어 인공지능들이 각

자의 위치에서 톱니바퀴처럼 잘 맞물려 돌아가고 있는지 확인하는 것만으로 충분합니다. 인공지능은 당신이 자는 동안 글을 쓰고, 영상을 자르고, 번역하고, 광고를 집행하고, 정산을 받습니다. 바퀴가 한 바퀴 돌 때마다 당신의 자산은 눈덩이처럼 불어나 있습니다. 이것은 공상과학 영화의 이야기가 아닙니다. 이미 수많은 지능형 자본가들이 API와 자동화 툴(Zapier, Opal 등)을 연결하여 실제로 구현하고 있는 현재의 풍경입니다.

무한 동력의 실현은 당신에게 노동으로부터의 해방을 넘어, **존재의 확장**을 의미합니다. 당신은 방구석에 앉아 있지만, 당신의 분신들은 전 세계를 누비며 24시간 내내 가치를 창출하고 있습니다. 당신의 영향력은 시공간을 초월하여 뻗어나갑니다. 이것이 바로 마르지 않는 샘물의 실체입니다. 물을 길어오는 수고로움을 끝내고, 집 마당에 펌프를 설치한 사람만이 누릴 수 있는 특권입니다. 당신의 휠은 굴러갈 준비가 되었습니다. 그 휠이 멈추지 않고 영원히 돌아가도록, 아주 작은 초기 동력만을 제공하십시오. 나머지는 인공지능과 복리의 법칙이 알아서 해결할 것입니다.

이 장을 마무리하며 당신에게 다시 한번 묻고 싶습니다. 당신은 여전히 물지게를 지고 산을 오르는 물장수입니까, 아니면 펌프 스위치를 누르고 쏟아지는 물을 바라보는 샘물의 주인입니까? 인공지능 시대의 부는 땀방울의 개수에 비례하지 않습니다. 부는 당신이 설계한 파이프라인의 굵기와 그 안을 흐르는 시스템의 정교함에 비례합니다. 원소스 멀티 유즈, 자가 증식, 그리고 순환 계통. 이 세 가지 키워드를 당신의 뇌리에 깊이 새기십시오.

이제 당신의 콘텐츠는 단 하나도 허투루 버려지지 않을 것입니다. 당신이 뱉은 말 한마디, 당신이 쓴 문장 한 줄은 인공지능이라는 프리즘을 통과하며 일곱 빛깔 무지개처럼 다채로운 수익원으로 변신할 것입니다. 시스템이 스스로 일하고, 스스로 증식하고, 스스로 성장하는 모습을 지켜보는 것은 자식을 키우는 것만큼이나 벅찬 감동을 줍니다. 당신의 머니 사이클은 이제 막 첫 번째 회전을 시작했습니다. 그 회전 속도가 빨라질수록 당신의 인생은 더 여유롭고 풍요로워질 것입니다.

자, 이제 이론과 전략은 모두 당신의 것이 되었습니다. 파트 3의 마지막 장에서는 이 거대한 시스템을 움직이는 가장 근본적인 에너지, 즉 '사람의 마음'을 훔치는 기술에 대해 다룰 것입니다. 시스템이 아무리 완벽해도 그 안을 흐르는 것이 매력적이지 않다면 무용지물이기 때문입니다. 당신의 시

스템에 화룡점정을 찍을 마지막 퍼즐 조각을 맞추러 가겠습
니다.

댐의 붕괴를 막는 법 :
리스크 관리와 지속 가능한 수익 배분

우리는 지금까지 거대한 부의 저수지를 설계하고, 인공지능이라는 강력한 엔진을 통해 수익의 물길을 끌어오는 법을 배웠습니다. 당신의 댐에는 이제 제법 많은 물이 찼고, 터빈은 경쾌한 소리를 내며 돌아가기 시작했을 것입니다. 하지만 지능형 자본가로서 당신이 반드시 명심해야 할 차가운 진실이 하나 있습니다. 세상에 영원히 무너지지 않는 건축물은 없으며, 가장 위대한 성공의 순간이 역설적으로 가장 위험한 붕괴의 전초전이 될 수 있다는 사실입니다. 댐이 커질수록 그 안에 갇힌 물의 압력은 상상을 초월하게 높아집니다. 아주 미세한 균열 하나, 혹은 감당할 수 없는 갑작스러운 폭우 한 번에 당신이 공들여 쌓아온 제국은 순식간에 휩쓸려 내려갈 수 있습니다. 부를 쌓는 것보다 중요한 것은 그 부를 지켜내고 지속 가능하게 관리하는 치밀함입니다. 이번 장에서는 당신의 머니 댐이 붕괴하는 것을 막기 위한 리스크 관리의 정수와, 세월이 흘러도 낡지 않는 시스템 유지 보수 전략에 대해 알려드리겠습니다.

수위 조절의 기술 : 감당할 수 없는 빠른 확장이 가져오는 리스크를 관리하고 내실을 다지는 법

성공의 달콤함은 때로 우리의 눈을 멀게 합니다. 첫 번째 인공지능 유튜버 채널에서 수익이 나기 시작하면, 우리는 곧바로 열 개, 백 개의 채널을 더 만들고 싶은 유혹에 빠집니다. "하나에서 백만 원이 나오니 백 개면 1억이겠구나"라는 단순한 산술적 계산은 설계자를 파멸로 이끄는 가장 위험한 독약입니다. 이를 우리는 '확장의 함정'이라고 부릅니다. 수위 조절 없이 물을 계속해서 가두기만 하면, 댐의 본체는 그 압력을 견디지 못하고 구조적 피로를 느끼기 시작합니다. 급격한 확장은 필연적으로 관리의 부재를 불러오고, 이는 곧 콘텐츠의

질적 하락과 플랫폼 알고리즘의 외면으로 이어집니다.

지능형 자본가는 확장의 속도보다 시스템의 밀도를 중요하게 여깁니다. 인공지능이 아무리 많은 일을 대신 해준다고 해도, 최종적인 의사결정과 시스템의 정합성을 체크하는 것은 당신의 몫입니다. 감당할 수 없는 속도로 채널을 늘리는 것은, 보수 공사도 하지 않은 채 댐의 높이만 계속 올리는 것과 같습니다. 어느 순간 당신의 인지적 자원은 바닥을 드러내고, 시스템 곳곳에서 발생하는 작은 오류들을 놓치게 될 것입니다. 그 작은 오류들이 모여 거대한 파열음을 내기 시작할 때, 당신은 이미 손을 쓸 수 없는 상태에 직면하게 됩니다. 수위가 너무 높다고 판단될 때는 과감하게 수문을 열어 압력을 조절해야 합니다. 여기서 수문을 연다는 것은, 새로운 확장을 멈추고 현재 돌아가고 있는 시스템의 효율성을 극대화하며 내실을 다지는 시간을 갖는 것을 의미합니다.

수위 조절의 핵심은 '관리 가능한 복제'에 있습니다. 인공지능을 활용해 수익 모델을 복제하되, 하나의 모델이 완벽하게 자율주행 궤도에 올라와 당신의 개입이 거의 필요 없는 상태가 되었을 때만 다음 단계로 넘어가십시오. 당신의 시스템은 양적 팽창이 아니라 질적 견고함 위에서 성장해야 합니다. 물의 양에 집착하기보다 댐의 벽이 그 압력을 충분히 견딜 수 있

을 만큼 단단한지 끊임없이 점검하십시오. 내실이 탄탄한 댐
은 가뭄이 와도 마르지 않고, 홍수가 나도 무너지지 않습니다.
속도에 대한 강박을 버리고 지속 가능성에 대한 확신을 가지
십시오. 그것이 바로 상류의 부자들이 세대를 거쳐 부를 유지
하는 비결입니다.

균열 방지 공사 : 저작권 이슈, 보안, 윤리적 논란 등 시스템의 존립을 흔들 수 있는 위험 요소 사전 제거

댐이 붕괴하는 원인은 거창한 폭발이 아니라, 눈에 보이지
않는 아주 작은 실금에서 시작됩니다. AI 머니 플로우의 세계
에서 이 실금은 바로 저작권 이슈, 보안 취약점, 그리고 윤리
적 논란입니다. 현 시대의 인공지능 기술은 눈부시게 발전했
지만, 법적·윤리적 가이드라인은 여전히 격변의 시기를 겪고
있습니다. 인공지능이 생성한 이미지가 타인의 저작권을 침
해하거나, 인공지능이 뱉어낸 정보가 사실과 달라 사회적 물
의를 일으키는 순간, 당신의 시스템은 플랫폼으로부터 영구
퇴출당하거나 법적 분쟁의 소용돌이에 휘말리게 됩니다. 이
는 댐의 기초 공사에 쓰인 시멘트가 불량이었음을 뒤늦게 깨
닫는 것과 같습니다.

우리는 인공지능을 활용해 역설적으로 이러한 '균열'을 사

전에 탐지하고 보수하는 작업을 수행해야 합니다. 콘텐츠가 발행되기 전, 저작권 검사 인공지능을 통해 기존 데이터와의 유사성을 철저히 검증하십시오. 단순히 인공지능이 만들어준 것을 믿지 말고, 인공지능에게 "이 결과물이 가질 수 있는 법적, 윤리적 리스크를 모두 나열하고 수정하라"는 비판적인 임무를 부여해야 합니다. 또한 보안 역시 간과해서는 안 될 중요한 요소입니다. 당신의 자동화 시스템 계정이 해킹당해 수익 물길이 엉뚱한 곳으로 흐르게 된다면, 그동안의 모든 노력은 남의 배만 불려주는 꼴이 됩니다. 이중 인증, 주기적인 비밀번호 변경, API 키 관리 등 기초적인 보안 수칙을 자동화된 루틴으로 만드십시오.

윤리적 논란은 브랜드의 권위와 직결됩니다. 인공지능이 만든 콘텐츠가 특정 집단을 비하하거나 혐오를 조장하는 내용을 담고 있다면, 당신의 저수지는 순식간에 오염된 폐수가 되어 버립니다. 오염된 물은 전기를 만들 수 없습니다. 인공지능 사령관으로서 당신은 인공지능 유닛들에게 명확한 윤리적 가이드라인과 '선(Line)'을 가르쳐야 합니다. "돈만 되면 무엇이든 한다"는 하류의 천박한 마인드를 버리고, "가치 있는 정보만을 안전하게 전달한다"는 철학을 시스템의 골조에 새기십시오. 깨끗한 물만이 사람들을 모으고, 견고한 댐을 유지하게 만듭니다. 균열을 사전에 막는 비용은 댐이 터진 뒤에 지불해야 할 대가보다 백배, 천배 저렴합니다.

다목적 댐 전략 : 하나의 수익 채널에 의존하지 않고 여러 지류를 확보하여 리스크를 분산하는 포트폴리오

가장 위험한 댐은 오직 하나의 강줄기만 막고 있는 댐입니다. 그 강줄기가 마르면 댐은 쓸모없는 콘크리트 덩어리가 되고, 반대로 그 강에만 기록적인 폭우가 쏟아지면 댐은 감당하지 못하고 터져버립니다. 지능형 자본가는 하나의 수익 채널에 인생 전체를 베팅하지 않습니다. 대신 그는 여러 개의 작은 물길을 하나의 거대한 저수지로 모으는 '**다목적 댐 전략**'을 구사합니다. 이것은 단순히 부업을 여러 개 하는 것이 아니라, 서로 유기적으로 연결된 **수익 포트폴리오**를 구축하여 어떤 기후 변화(시장 변동)에도 흔들리지 않는 복원력을 갖추는 작업입니다.

유튜브 광고 수익이 메인 수로라면, 그 주변에 블로그 제휴 마케팅이라는 보조 수로를 파고, 유료 멤버십이라는 지하수 저장고를 만드십시오. 또한 인공지능 자산 판매라는 새로운 물길을 지속적으로 발굴하여 저수지로 끌어들이십시오. 하나의 수로가 플랫폼의 정책 변화로 막히더라도, 다른 지류에서 유입되는 물길이 당신의 저수지 수위를 유지해 줄 것입니다. 리스크 분산은 자산 관리의 기본이지만, 인공지능 시대에는 이 분산 작업조차 자동화할 수 있습니다. 인공지능에게 "현재 내 수익 비중 중 특정 채널의 의존도가 40%를 넘지 않도록 리소스를 배분하고 새로운 파이프라인을 기획하라"고 지시하십시오.

다목적 댐은 수익의 안정성뿐만 아니라 용도의 다양성도 제공합니다. 전력 생산(현금 흐름)뿐만 아니라 농업용수 공급(커뮤니티 육성), 홍수 조절(위기 대응 예비비 확보) 등 비즈니스의 다양한 목적을 동시에 달성할 수 있어야 합니다. 수익이 발생하면 그중 일부는 반드시 시스템의 안전성을 높이는 재투자로 활용하고, 일부는 새로운 시장을 탐사하는 정찰대 운영비로 쓰십시오. 포트폴리오가 다양할수록 당신의 마음에는 여유가 생기고, 그 여유는 더 날카로운 설계의 직관으로 돌아옵니다. 하나의 물줄기가 끊긴다고 세상이 무너지지 않는다는 확신, 그 확신이 당신을 진정한 상류의 설계자로 만듭니다.

지속 가능한 보수 관리 : 시스템이 낡지 않도록 주기적으로 AI 모델을 업데이트하고 튜닝하는 유지보수 전략

댐은 완공되는 순간부터 노후화가 시작됩니다. 콘크리트는 미세하게 부식되고 제어 시스템은 구형이 됩니다. 인공지능 시스템도 마찬가지입니다. 어제까지 최고의 퍼포먼스를 내던 프롬프트가 오늘부터는 식상한 대답을 내놓을 수 있고, 특정 인공지능 모델이 더 이상 시장의 트렌드를 따라가지 못할 수도 있습니다. 이것을 우리는 '**모델 드리프트**(Model Drift)' 또는 시스템의 노후화라고 부릅니다. 설계자가 가장 경계해야 할 것은 "이제 다 만들었으니 평생 손댈 필요 없겠지"라는 안일함입니다. 마르지 않는 샘물을 유지하기 위해서는 주기적인 준설 작업과 기계 설비의 교체가 반드시 동반되어야 합니다.

지속 가능한 보수 관리를 위해 당신은 인공지능을 시스템의 '감리자'로 임명해야 합니다. 인공지능에게 "현재 운영 중인 모든 콘텐츠 생성 로직의 효율성을 검토하고, 최신 AI 모델과 비교하여 업그레이드할 부분을 제안하라"고 매달 정기적으로 지시하십시오. 더 좋은 성능의 모델이 나왔다면 과감히 엔진을 교체하고, 기존의 낡은 프롬프트들을 최신 트렌드에 맞게 튜닝해야 합니다. 시스템은 살아있는 유기체와 같아서 끊임없이 외부 세계와 상호작용하며 진화해야 합니다. 주인이 관심을 끄는 순간, 시스템에는 잡초가 자라고 이끼가 끼며 수익이라는 전력 생산량은 서서히 줄어들게 됩니다.

또한 유지보수 과정에서 가장 중요한 것은 **데이터의 정제**

입니다. 저수지 바닥에 쌓이는 퇴적물(무의미한 데이터)을 주기적으로 퍼내지 않으면 저수지의 용량은 줄어듭니다. 성과가 없는 콘텐츠, 타겟팅이 빗나간 데이터들을 과감히 삭제하거나 재가공하여 시스템의 가벼움을 유지하십시오. 가벼운 시스템일수록 변화에 유연하게 대처할 수 있습니다. 당신의 인공지능 직원들은 당신의 게으름을 먹고 퇴보하고, 당신의 세심한 관리를 먹고 성장합니다. 주기적인 보수 관리는 당신의 시간을 뺏는 귀찮은 일이 아니라, 당신의 부의 영토를 영원히 지켜주는 가장 신성한 의식임을 잊지 마십시오.

지금까지 우리는 댐의 붕괴를 막기 위한 수위 조절, 균열 방지, 리스크 분산, 그리고 유지보수의 기술에 대해 논의했습니다. 이 모든 기술적인 장치들보다 상위에 있는 것은 바로 당신의 **철학**입니다. "쉽게 벌어서 빨리 튀겠다"는 마음으로 지은 댐은 아무리 정교한 인공지능을 써도 결국 무너집니다. 하지만 "인공지능을 통해 세상에 지속 가능한 가치를 전달하고, 그 대가로 정당한 부를 축적하겠다"는 철학이 댐의 뼈대를 이루고 있다면, 그 시스템은 세월의 풍파를 견디며 당신의 가문을 지켜주는 거대한 요새가 될 것입니다.

리스크 관리는 겁쟁이의 선택이 아니라, 가장 용기 있는 설계자의 지혜입니다. 폭풍우가 치기 전에 댐의 안전을 점검하는 사람이 진정한 부의 주인입니다. 당신의 저수지는 이제 비로소 완벽한 안정 궤도에 진입했습니다. 이제 당신은 댐의 붕괴를 걱정하며 밤잠을 설치는 대신, 그곳에서 생산된 평화롭고 거대한 에너지를 어디에 쓸지 행복한 고민을 할 수 있게 되었습니다. 댐을 지키는 것은 당신의 자유를 지키는 것과 같습니다. 24시간 쉬지 않고 당신의 제국을 감시하는 인공지능 눈들과 함께, 당신의 부를 영원히 박제하십시오.

우리는 이제 파트 3의 모든 과정을 마쳤습니다. 수익의 본질을 이해했고, 시스템을 구축했으며, 그 시스템을 영구적으로 유지하는 법까지 마스터했습니다. 이제 당신은 누구도 부정할 수 없는 진정한 지능형 자본가로 거듭났습니다. 파트 3을 미치는 지금, 당신의 손에는 이미 부의 열쇠가 쥐어져 있습니다. 이제 마지막 파트에서 우리는 이 모든 시스템을 넘어, 당신의 인생 전체를 인공지능과 어떻게 조화시켜 더 높은 차원의 자아실현으로 나아갈 것인지 그 원대한 비전을 공유하겠습니다. 당신의 위대한 항해는 이제 가장 안정적이고 아름다운 구간을 지나고 있습니다.

흐름의 통제:

부를 통제하는 기술은 결국 시스템을 통제하는 기술이다

지금까지 우리는 엔진을 만들고(파트 2), 댐을 건설했습니다(파트 3).

이제 그 엔진의 출력과 댐의 수문을 조절하여

실제 '부의 영토'를 넓혀갈 차례입니다.

많은 이들이 새로운 AI 툴이 나올 때마다 그 사용법을 배우느라

에너지를 소진합니다. 하지만 진정한 승부처는 툴의 기능이 아니라,

그 툴들이 엮여서 만드는 '데이터와 수익의 흐름'을

누가 장악하고 있느냐에 달려 있습니다. 파트 4에서는

개별적인 기술에 매몰되지 않고, 전체 판을 읽고 통제함으로써

부의 체급을 바꾸는 경영자적 관점의 초격차 전략을 다룹니다

기술의 노예가 될 것인가,
흐름의 주인이 될 것인가

우리는 지금 인류 역사상 가장 빠르고 거대한 기술적 변곡점인 시대의 한복판을 지나고 있습니다. 눈을 뜨면 새로운 인공지능 모델이 발표되고, 어제까지 유료로 결제하며 쓰던 기능이 오늘 아침 무료로 풀리거나 더 강력한 성능의 경쟁 도구에 밀려 구시대의 유물이 되기도 합니다. 이 숨 가쁜 속도전 속에서 많은 이들이 '인공지능을 활용해 돈을 벌겠다'는 야심 찬 포부로 출발하지만, 정작 그들이 도달한 곳은 부의 상류가 아니라 끊임없이 쏟아지는 새로운 툴(Tool) 업데이트의 굴레라는 또 다른 형태의 늪인 경우가 허다합니다. 최신 기술을 모르면 뒤처질 것 같다는 불안감에 매일같이 유튜브와 커뮤니티를 뒤지며 새로운 프롬프트 사용법과 기능을 익히는 데 모든 에너지를 소진합니다. 하지만 냉정하게 묻고 싶습니다. 당신은 지금 인공지능을 부려 돈을 벌고 있습니까, 아니면 인공지능의 사용법을 공부하느라 당신의 가장 귀한 자산인 시간을 인공지능 기업들에게 바치고 있습니까? 이번 장에서는 기술의 노예로 전락하지 않고 거대한 부의 흐름을 지배하는 주인이 되기 위한 설계자의 시선과 시스템 구축의 근본 원칙에 대해 알려드리겠습니다.

**톨 업데이트의 굴레에서 벗어나기 :
매일 쏟아지는 새로운 기능보다 중요한 비즈니스 로직의 힘**

우리가 인공지능 시대에 가장 먼저 경계해야 할 것은 '신기한 도구'에 매몰되는 현상입니다. 지금 현재의 시장에는 영상 생성, 음성 복제, 데이터 분석 등 수만 가지의 인공지능 서비스가 넘쳐납니다. 하지만 이 모든 도구는 본질적으로 비즈니스라는 거대한 기계를 돌리기 위한 '부품'일 뿐입니다. 부품은 언제든 더 좋은 성능으로 교체될 수 있고, 때로는 아예 사라질 수도 있습니다. 만약 당신이 특정 도구의 사용법 자체에 당신의 모든 수익 구조를 걸고 있다면, 당신은 그 도구를 만든 기업의 정책 변화 한 번에 무너지는 모래성 위에 제국을 건설하고 있는 것과 같습니다. 지능형 자본가는 도구의 버튼 위치가 어디인지, 어떤 프롬프트가 유행인지에 집착하지 않습니다. 대신 그는 어떤 도구가 들어오더라도 변하지 않는 **비즈니스 로직(Business Logic)**의 설계에 집중합니다.

비즈니스 로직이란 무엇일까요? 그것은 시장의 결핍을 발견하고, 가치를 생산하여, 타겟에게 전달하고, 최종적으로 수익을 정산받는 일련의 불변하는 과정입니다. 이 로직은 백 년 전에도 똑같았고 백 년 후에도 변하지 않을 부의 공식입니다. 인공지능은 단지 이 과정의 각 구간에서 속도를 높여주는 윤활제이자 추진제일 뿐입니다. 예를 들어 당신이 인공지능 유튜버 시스템을 운영한다면, 중요한 것은 '브루(Vrew)'나 '헤이젠(HeyGen)' 같은 특정 툴의 업데이트 소식이 아닙니다. 시청자들이 어떤 지점에서 갈증을 느끼는지, 그들의 시선을 3초 안에 어떻게 낚아챌 것인지, 그리고 영상이 끝난 뒤 그들을 어떻게 당신의 수익 채널로 유도할 것인지에 대한 설계도가 훨씬 더 중요합니다. 툴은 당신의 설계를 현실로 만들어주는 손과 발일 뿐, 당신의 뇌를 대신할 수 없습니다.

업데이트의 굴레에서 벗어난다는 것은 기술에 대한 관심

을 끊으라는 뜻이 아닙니다. 기술을 바라보는 관점을 '호기심'에서 '활용'으로 철저히 전환하라는 의미입니다. 새로운 툴이 나왔을 때 당신이 던져야 할 질문은 "이게 얼마나 신기한가?"가 아니라, "이 툴이 내 현재 시스템의 어느 구간에서 비용을 줄여주거나 생산성을 높여줄 수 있는가?"여야 합니다. 이 질문에 답이 나오지 않는다면 아무리 화려한 기술이라도 과감히 무시하십시오. 모든 것을 알려고 하는 것은 아무것도 제대로 하지 않겠다는 선언과 같습니다. 설계자는 오직 자신의 머니 플로우에 기여하는 기술만을 선별적으로 채택하며, 기술이 아닌 '흐름'을 공부하는 데 시간을 쏟습니다. 당신의 뇌라는 고성능 프로세서를 툴 업데이트 내역을 외우는 데 낭비하지 마십시오.

설계자의 시선 : 기술은 외주화하고 전략은 내재화하는 법

지능형 자본가와 일반 노동자의 결정적인 차이는 무엇을 내 손안에 쥐고 있을 것인가에 대한 선택에서 나옵니다. 하류의 사람들은 기술 그 자체를 소유하려고 애씁니다. 자신이 직접 포토샵을 배우고, 프리미어를 배우고, 이제는 스테이블 디퓨전의 복잡한 설치법을 공부하며 그것을 자신의 '무기'라고 믿습니다. 하지만 기술은 시간이 지날수록 평준화되고 그 가치는 0에 수렴합니다. 누구나 할 수 있는 일은 더 이상 돈이 되지 않습니다. 설계자는 이 차가운 원리를 누구보다 잘 이해하고 있습니다. 그래서 그는 기술을 철저히 **외주화**(Outsourcing)합니다. 여기서 외주화란 다른 사람에게 일을 맡기는 것뿐만 아니라, 인공지능이라는 도구에게 그 기술적 행위 자체를 완전히 넘겨주는 것을 포함합니다.

그렇다면 당신이 끝까지 움켜쥐어야 할 것은 무엇일까요? 그것은 바로 **전략의 내재화**(Internalization)입니다. 어떤 시장을 타격할 것인지, 어떤 메시지로 대중을 흔들 것인지, 그리고 흩어진 데이터들을 어떻게 엮어 부의 지도를 완성할 것인지에 대한 '판단력'은 결코 남에게 맡길 수 없는 당신만의 고유한 영역입니다. 인공지능은 훌륭한 작가이자 화가이고 편집자이지만, 결코 스스로 사업가가 될 수는 없습니다. 인공지능에게는 '욕망'이 없기 때문입니다. 시장을 향한 당신의 굶주린 시선과 데이터를 읽어내는 통찰력이야말로 시스템이 복제할 수 없는 당신만의 진짜 실력입니다.

기술은 외주화될수록 효율이 높아집니다. 인공지능이 더 똑똑해질수록 당신은 손가락 하나 까딱하지 않고 더 화려한 결과물을 얻게 될 것입니다. 하지만 전략이 외주화되는 순간, 당신은 시스템의 주인 자리를 뺏기게 됩니다. 인공지능이 추천해 주는 주제로만 영상을 만들고, 인공지능이 써주는 대로만 비즈니스를 운영한다면, 그것은 당신이 인공지능을 부리는 것이 아니라 인공지능이 시키는 대로 움직이는 꼭두각시가 된 것과 같습니다. 설계자의 시선은 언제나 '어떻게(How)'가 아닌 '무엇을(What)'과 '왜(Why)'를 향해야 합니다. "어떻게 영상을 편집할까"를 고민하지 말고, "왜 사람들이 이 영상을 봐야만 하는가"를 고민하십시오. 기술적인 고민은 인공지능에게 던져주면 단 1초 만에 해결됩니다. 당신의 에너지는 오직 전략이라는 심장을 설계하는 데 쓰여야 합니다.

도구에 휘둘리지 않는 기준 : 이 기술이 내 머니 플로우의 어느 구간을 가속화하는가 질문하기

우리는 매일 '샤이니 오브젝트 신드롬(Shiny Object Syndrome)', 즉 반짝이는 새로운 것에 마음을 빼앗기는 현상과 싸워야 합니다. 특히 지금처럼 새로운 기술이 쏟아지는 시기에는 더욱 그렇습니다. 이때 우리를 지켜주는 유일한 방패는 자신만의 명확한 **검증 기준**입니다. 새로운 인공지능 도구가 등장했을 때 당신은 그것을 당신의 시스템이라는 컨베이어 벨트 위에 올려두고 냉정하게 따져봐야 합니다. "이 도구가 내 머니 플로우의 어느 구간을 가속화하는가?" 이 질문은 당신을 기술의 노예가 아닌 주권자로 만들어주는 마법의 주문입니다.

수익 창출의 과정은 크게 [소싱 - 가공 - 배포 - 정산]의 네 단계로 나뉩니다. 새로운 툴을 만났을 때, 그것이 소싱 단계를 획기적으로 빠르게 만들어주나요? 아니면 가공 단계의 퀄리티를 전문가 수준으로 끌어올려 주나요? 그것도 아니라면 배포의 범위를 글로벌로 무한히 확장해 주나요? 만약 이 질문들에 명확한 답을 주지 못하고 그저 "신기하고 재밌다"는 느낌만 준다면, 그 툴은 당신의 비즈니스에 있어 쓰레기에 불과합니다. 과감하게 브라우저 탭을 닫으십시오. 설계자의 시간은 돈보다 귀합니다. 시스템의 가속에 기여하지 않는 기술은 당신의 시간을 갉아먹는 좀벌레일 뿐입니다.

또한 도구를 선택할 때는 **대체 가능성**을 염두에 두어야 합니다. 하나의 도구에만 의지하는 비즈니스는 도구의 노예가 되기 쉽습니다. 우리는 도구를 노예로 부려야 합니다. 따라서 "이 도구가 내일 사라진다면 나는 다른 도구로 즉시 교체할 수 있는가?"를 따져봐야 합니다. 특정한 툴의 고유한 기능을 찬양하기보다, 그 기능이 수행하는 '역할'에 집중하십시오. "A 툴의 영상 편집 기능이 좋다"가 아니라 "내 시스템에는 컷 편집과 자막 생성을 자동화하는 역할이 필요하다"고 정의해야 합니다. 역할이 정의되어 있다면, A 툴이 망하더라도 B 툴, C

툴로 즉시 갈아탈 수 있습니다. 이것이 바로 도구에 휘둘리지 않고 흐름을 지배하는 주인의 태도입니다. 기준이 확고한 설계자에게 기술의 발전은 위협이 아니라, 나의 엔진을 공짜로 업그레이드해 주는 축복이 됩니다.

시스템 우위의 원칙 : 한두 개의 기술이 사라져도 전체 흐름은 끊기지 않는 구조적 안정성 확보

우리가 구축하는 머니 플로우의 최종 목적지는 당신의 개입이 없어도 스스로 돌아가는 무한 동력의 시스템입니다. 이 시스템이 진정한 위력을 발휘하려면, 개별 기술이나 도구의 생사여부에 상관없이 전체적인 흐름이 유지되는 **구조적 안정성**을 갖추어야 합니다. 이를 위해 우리는 **모듈형 설계(Modular Design)** 방식을 채택합니다. 시스템의 각 단계를 독립적인 모듈로 분리하고, 이들이 서로 느슨하게 연결되도록 만드는 것입니다. 마치 레고 블록처럼, 하나의 블록이 망가지면 그 블록만 새로운 것으로 교체하면 전체 성벽은 그대로 유지되는 원리와 같습니다.

특정 플랫폼의 알고리즘이나 특정 인공지능 기업의 서비스에 전적으로 의존하는 것은 시스템이 아니라 '종속'입니다. 지능형 자본가는 언제나 최악의 시나리오를 대비합니다. "유튜브 채널이 삭제된다면?", "사용하던 이미지 생성 AI가 유료화된다면?", "챗GPT가 갑자기 접속 불능이 된다면?" 이런 상황에서도 당신의 수익 물길이 끊기지 않도록 우회 수로를 미리 파두는 것이 시스템 우위의 원칙입니다. 독립적인 데이터베이스를 확보하고, 여러 플랫폼에 콘텐츠를 동시에 배포하며, 다양한 인공지능 도구들을 병렬로 배치하십시오. 기술은 찰나에 사라질 수 있지만, 당신이 구축한 구조는 영원히 남아야 합니다.

구조적 안정성이 확보된 시스템 위에서 당신은 비로소 평온함을 얻습니다. 기술의 변화에 일희일비하지 않고, 거시적인 관점에서 비즈니스의 규모를 키우는 데 집중할 수 있습니다. 거친 파도 속에서도 당신의 배가 침몰하지 않는 이유는 엔진이 좋아서가 아니라, 배의 구조 자체가 어떤 파도에도 복원력을 갖도록 설계되었기 때문입니다. 기술은 파도와 같아서 우리가 통제할 수 없지만, 배의 설계는 오직 당신의 손에 달려 있습니다. 흐름의 주인이 된다는 것은 바로 이 구조의 힘을 믿고, 기술이라는 변수를 시스템이라는 상수로 가두는 승리를 의미합니다. 당신의 시스템은 이제 그 어떤 기술적 격변에도 끄떡없는 견고한 요새가 될 것입니다.

이번 장을 통해 우리는 기술의 노예에서 벗어나 흐름의 주인이 되는 법을 배웠습니다. 이제 당신의 하루는 어제와는 전혀 다른 모습이어야 합니다. 매일 아침 "어떤 새로운 AI 툴이 나왔나"를 검색하며 불안해하던 습관을 버리십시오. 대신 당신의 대시보드를 열고 "내 시스템의 물길은 오늘 얼마나 더 굵어졌는가"를 확인하십시오. 기술적인 잡무는 인공지능 요원들에게 맡겨버리고, 당신은 더 넓은 시장의 지도를 그리며 다음 목적지를 구상하십시오. 설계자에게 시간은 노동의 대가가 아니라 창조의 원료입니다.

당신이 기술의 업데이트보다 비즈니스 로직에 집중할 때, 당신의 수익은 비로소 안정적이고 지속 가능한 형태를 띠게 됩니다. 툴을 공부하는 학생의 자리를 박차고 일어나, 툴을 배치하는 지휘관의 자리에 앉으십시오. 세상이 기술의 속도에 경악할 때, 당신은 그 기술을 당신의 노예로 부리며 우아하게 부의 상류로 노를 저어가십시오. 현 시대는 준비되지 않은 자들에게는 공포의 시대이지만, 시스템을 소유한 당신에게는 인류 역사상 가장 큰 기회의 시대입니다. 이제 기술의 굴레를 벗어던지고, 당신 인생의 진정한 마스터로서 당당히 전진하십시오.

마스터의 좌석은 생각보다 편안하고, 그곳에서 바라보는 세상은 생각보다 선명합니다. 당신의 시스템이 내는 규칙적

인 비트가 당신의 심장 박동과 일치할 때, 당신은 비로소 자율
주행 인생으로의 완벽한 전환을 이루게 될 것입니다. 기술은
사라져도 당신의 흐름은 멈추지 않습니다. 그것이 바로 이 책
이 당신에게 전하고자 하는 가장 핵심적인 약속입니다. 이제
당신의 하루를 기술에게 반납하지 말고, 오직 당신의 자유를
위해 사용하십시오.

수문 개방의 결정권 :
언제, 어디로 돈을 흘릴 것인가

우리는 지금까지 거대한 부의 댐을 건설하고, 그 안에 인공지능이라는 강력한 엔진을 배치하여 데이터를 가두는 법을 배웠습니다. 당신의 저수지에는 이제 넘실거리는 기회와 잠재적인 수익의 물줄기들이 가득 차 있을 것입니다. 하지만 댐을 소유했다는 사실보다 더 중요한 본질적인 권한이 남아 있습니다. 그것은 바로 댐의 수문을 언제, 어느 방향으로, 얼마나 열 것인가를 결정하는 **수문 개방의 결정권**입니다. 수문을 너무 일찍 열면 충분한 수압을 얻지 못해 터빈을 돌릴 수 없고, 너무 늦게 열면 댐 자체가 압력을 견디지 못하고 붕괴할 수 있습니다. 지능형 자본가는 단순히 시스템을 가동하는 사람이 아니라, 수익의 물줄기가 가장 큰 낙차를 만들며 폭발적인 에너지를 낼 수 있는 최적의 지점을 선택하는 전략가입니다. 이번 장에서는 당신이 축적해온 가치를 언제 현금으로 치환해야 하는지, 그리고 국내라는 좁은 수로를 넘어 어떻게 글로벌이라는 거대한 바다로 수익의 물길을 연결할 것인지 그 결정적인 판단의 기준들에 대해 알려드리겠습니다.

수익화 타이밍의 기술 : 콘텐츠를 쌓을 시기와 수익을 거둬들일 시기를 구분하는 수문 조절법

모든 비즈니스에는 '심는 계절'과 '거두는 계절'이 존재합니다. 하류의 성급한 노동자들은 씨앗을 심지미지 싹이 나기도 전에 흙을 파헤쳐 열매를 찾으려 합니다. 유튜브 채널을 만들자마자 광고 수익부터 확인하거나, 블로그 포스팅 몇 개에 제휴 링크를 도배하는 행위가 바로 그것입니다. 이는 댐에 물이 겨우 발목만큼 찼는데 수문을 열어버리는 것과 같습니다. 물은 힘없이 빠져나가고 터빈은 미동조차 하지 않습니다. 설계자의 첫 번째 덕목은 **임계점에 도달할 때까지 수문을 굳게 닫아두는 인내심입니다.**

인공지능을 활용해 당신의 저수지 수위가 어디쯤 와 있는지 실시간으로 판독하십시오. 유튜브라면 구독자 수나 조회 수보다 '시청 지속 시간의 누적 데이터'와 '알고리즘의 신뢰 지수'를 체크해야 합니다. 블로그라면 방문자 수보다 '재방문율'과 '체류 시간'이 당신의 수위를 말해줍니다. 인공지능 분석 요원에게 명령하여, 당신의 채널이 해당 카테고리에서 상위 1%의 신뢰도를 확보하는 시점이 언제인지 예측하게 하십시오. 그 데이터가 가리키는 임계점에 도달하기 전까지, 당신의 유일한 임무는 가치를 축적하고 댐의 벽을 보강하는 것입니다. 이 시기에는 모든 수익화 제안을 거절하고 오직 독보적인 가치를 제공하는 데만 집중해야 합니다.

수문을 여는 결정적인 타이밍은 당신이 시장에 던지는 메시지가 '구걸'이 아닌 '혜택'으로 느껴지는 순간입니다. "제발 제 물건을 사주세요"라고 말하는 시기가 아니라, "이미 충분한 가치를 얻으신 여러분께 더 깊은 해결책을 제안합니다"라고 말할 수 있는 권위가 생겼을 때입니다. 인공지능은 당신이 직접 판단하기 어려운 이 미묘한 심리적 변곡점을 데이터를 통해 포착해 줍니다. 댓글의 긍정 부정 비율, 공유 횟수의 급증, 특정 키워드에 대한 반응 속도 등을 종합하여 "지금 수문을 열면 가장 큰 에너지가 발생한다"는 신호를 보내줄 것입니다. 그때 당신은 우아하게 수문 레버를 당기기만 하면 됩니다. 쏟아져 나오는 수익의 물줄기는 당신이 인내한 시간만큼 강력한 압력으로 당신의 통장을 채울 것입니다.

타겟 시장의 변환 : 국내 시장의 물길을 글로벌 시장으로 연결하여 수익의 낙차를 키우는 전략

우리는 흔히 내가 발을 딛고 서 있는 대한민국이라는 영토만이 우리 비즈니스의 전부라고 생각하기 쉽습니다. 하지만 지능형 자본가에게 국경은 인공지능으로 단 1초 만에 넘을 수 있는 가상의 선에 불과합니다. 국내 시장에서 성공적인 머니 플로우를 구축했다면, 당신은 이제 그 물길을 더 큰 시장, 더 높은 가격을 지불할 준비가 된 글로벌 시장으로 연결해야 합니다. 물은 높은 곳에서 낮은 곳으로 흐르지만, 자본은 **낙차가 큰 곳**으로 흐릅니다. 국내 시장의 낮은 광고 단가와 좁은 타겟층을 넘어, 달러와 유로가 흐르는 거대 시장으로 당신의 시스템을 확장하는 것은 수익의 낙차를 수십 배로 키우는 가장 확실한 방법입니다.

인공지능은 이 대규모 수로 확장 공사를 수행하는 최고의 엔지니어입니다. 당신이 한국어로 만든 고품질의 콘텐츠를 인공지능은 영미권, 히스패닉권, 아랍권 등 전 세계 수십 개의 언어로 즉각 번역하고 현지 정서에 맞게 리모델링합니다. 단순히 단어를 바꾸는 수준이 아니라, 각 문화권의 금기사항을 체크하고 그들이 열광하는 유머 코드를 삽입하여 마치 현지인이 만든 것 같은 완벽한 '로컬 콘텐츠'로 재탄생시킵니다. 한국에서 검증된 수익 모델을 인공지능이라는 복제기를 통해 글로벌 시장에 수십 개로 뿌려 보십시오. 한국에서 월 100만 원을 벌어다 주던 시스템이, 미국 시장으로 건너가는 순간 광고 단가(CPM)의 차이만으로도 월 500만 원, 1,000만 원의 수익을 창출하는 기적을 목격하게 될 것입니다.

글로벌 수로 확장의 핵심은 '**시차와 환율의 레버리지**'를 활용하는 것입니다. 당신이 잠든 사이 지구 반대편의 태양 아래서 인공지능 직원들이 달러를 수확해 오게 만드십시오. 환율이 오를수록 당신의 시스템 자산 가치는 가만히 앉아 있어도 상승합니다. 국내 시장의 경쟁이 치열해질수록, 당신은 인공지능이라는 망원경을 들고 아직 개척되지 않은 제3세계의 블루오션을 탐색해야 합니다. "이 정보는 브라질 시장에서 더 큰 가치가 있겠구나", "이 서비스는 동남아시아의 급성장하는 중산층에게 필수적이겠구나"라는 판단을 내리는 것이 바로 수문 개방의 방향을 결정하는 설계자의 시야입니다. 전 세계의 모든 물줄기가 당신의 댐으로 모이게 하십시오. 당신의 제국에는 결코 밤이 오지 않을 것입니다.

유료화 전환의 심리학 : 무료 정보의 흐름을 멈추고 유료 서비스로 물길을 돌리는 결정적 순간

무료로 정보를 제공하다가 유료로 전환하는 순간은 모든 설계자에게 가장 두렵고도 설레는 지점입니다. "사람들이 다 떠나가면 어쩌지?", "돈독이 올랐다고 비난받지는 않을까?"라는 인간적인 걱정이 발목을 잡습니다. 하지만 명심하십시오. 공짜 물만 나눠주는 댐은 영원히 전기를 생산할 수 없으며, 결국 유지 보수 비용을 감당하지 못해 무너지고 맙니다. 유료화는 당신의 시스템이 지속 가능하게 생존하기 위한 필수적인 **에너지 전환** 과정입니다. 사람들은 가치 있는 것에 비용을 지불할 때 더 깊이 몰입하고 더 큰 성과를 얻습니다. 당신의 유료화는 고객을 돕는 또 다른 형태의 배려입니다.

수문을 닫고 유료화라는 새로운 물길을 트는 결정적 순간은 '**정보의 과부하**'가 일어날 때입니다. 당신이 제공하는 무료 정보가 너무나 방대하고 가치 있어서, 독자들이 오히려 "이것을 어떻게 정리해서 내 삶에 적용해야 할지 모르겠다"고 호소하는 시점이 바로 골든타임입니다. 이때 당신은 단순히 정보를 파는 것이 아니라, 인공지능을 활용해 **시간을 단축해주고**

정답을 골라주는 큐레이션 서비스를 유료로 제안해야 합니다. "여기 수천 개의 정보가 흩어져 있습니다(무료). 하지만 당신에게 딱 맞는 1:1 솔루션과 실행 시크릿은 이 문 뒤에 있습니다(유료)."라고 말하는 것입니다.

인공지능은 이 유료화 전환의 심리적 장벽을 낮추는 세심한 마케터 역할을 수행합니다. 당신의 무료 콘텐츠를 소비한 사람들의 행동 패턴을 분석하여, 누가 가장 유료 전환 가능성이 높은지 찾아냅니다. 그리고 그들에게만 맞춤형 혜택이나 체험권을 발송하여 거부감 없이 유료 수로로 흘러 들어오게 유도합니다. 유료화는 물의 흐름을 막는 것이 아니라, 물의 흐름에 '가치'라는 필터를 달아 더 맑고 비싼 물을 생산해내는 과정입니다. 수문을 전환하는 순간 발생하는 일시적인 트래픽 감소에 일희일비하지 마십시오. 양질의 유료 고객 한 명은 체리피커(Cherry Picker) 천 명보다 당신의 시스템에 훨씬 더 큰 수압을 더해줍니다. 진정한 자본가는 자신의 가치를 가격으로 증명하는 법을 아는 사람입니다.

자원 배분의 최적화 : 한정된 나의 집중력을 어떤 파이프라인에 집중 투여할 것인지에 대한 통제력

인공지능이 아무리 많은 일을 대신 해준다고 해도, 설계자인 당신의 '**전략적 집중력**'은 여전히 희소하고 비싼 자원입니다. 24시간 내내 돌아가는 수십 개의 파이프라인을 모두 똑같은 강도로 들여다보는 것은 불가능할뿐더러 비효율적입니다. 지능형 자본가는 자신의 에너지를 어디에 집중 투여할 것인지 냉정하게 판단하여 자원을 배분합니다. 이것을 우리는 비즈니스의 '**선택과 집중**(Select & Focus)'이라 부릅니다. 어떤 수문은 활짝 열어젖히고, 어떤 수문은 잠시 닫아두어 압력을 보충하게 하는 완급 조절이 필요합니다.

자원 배분의 기준은 철저하게 '**효율성과 확장성**'이어야 합니다. 인공지능에게 현재 가동 중인 모든 수익 파이프라인의 수익률(ROI)과 미래 성장성을 분석하게 하십시오. 노력 대비 성과가 지지부진한 지류는 과감히 폐쇄하거나 자동화 수준을 높여 최소한의 에너지만 들이가게 세팅하십시오. 반면 작은 노력에도 폭발적인 반응이 오는 황금 수로가 발견된다면, 당신의 모든 창의적 역량과 인공지능 엔진의 화력을 그곳에 집중 투여해야 합니다. "이곳이 지금 시장의 급소구나"라는 판단이 서면, 주저하지 말고 가용 자원의 80%를 그곳으로 쏟아부어 압도적인 시장 점유율을 확보하십시오.

당신의 집중력은 시스템을 업그레이드하고 새로운 수익 구조를 설계하는 데 쓰여야 합니다. 이미 잘 돌아가고 있는 수문은 인공지능 요원들에게 맡겨두고, 당신은 아직 물길이 닿지 않은 미개척지를 향해 망원경을 돌려야 합니다. "이 파이프라인은 이제 내 손을 떠나도 잘 굴러가니, 다음 달에는 새로운 글로벌 채널을 뚫는 데 내 시간을 쏟겠다"는 식의 자원 배분 결정권이 바로 당신을 부의 상류로 인도하는 나침반입니다. 통제력은 모든 것을 직접 하는 데서 오는 것이 아니라, 무엇을 하지 않을지를 결정하는 데서 옵니다. 당신의 소중한 에너지를 잡무에 희석하지 마십시오. 당신은 가장 큰 낙차를 만들 수 있는 단 하나의 수문 앞에 서 있어야 합니다.

우리는 이번 장에서 수문 개방의 결정권이 왜 지능형 자본가의 핵심 권한인지를 심도 있게 살펴보았습니다. 수익화의 타이밍을 재고, 글로벌로 시장을 넓히며, 유료화의 심리학을 이용하고, 자원을 최적으로 배분하는 이 모든 과정은 결국 '결정의 힘'에 관한 이야기입니다. 인공지능은 당신에게 수만 페이지의 보고서와 정확한 수치를 가져다줄 수 있지만, 결국 마지막 레버리지를 당기는 손가락의 주인은 바로 당신이어야 합니다.

결정권은 책임감을 동반하지만, 동시에 무한한 자유를 약속합니다. 당신이 수문을 여는 순간 흐르기 시작하는 부의 물결은 당신이 내린 올바른 결정에 대한 우주의 보상입니다. 때로는 결정이 두려워 레버리지를 잡은 손이 떨릴 수도 있습니다. 하지만 당신 뒤에는 정밀한 데이터를 제공하는 인공지능 부대와 견고하게 설계된 댐이 있음을 잊지 마십시오. 당신의 직관과 인공지능의 분석이 교차하는 지점에서 내리는 결정은 결코 당신을 배신하지 않을 것입니다.

이제 당신의 댐을 다시 한번 점검해 보십시오. 수위는 충분히 차올랐습니까? 물길을 돌릴 더 큰 바다가 어디인지 확인했습니까? 유료화라는 새로운 수문을 열 준비가 되었습니까? 모든 준비가 끝났다면, 이제 당신의 위엄 있는 손길로 수문을 개방하십시오. 당신이 설계한 대로, 당신이 의도한 방향으로, 부의 물결이 거세게 쏟아져 내릴 것입니다. 그 장엄한 폭포 소리가 당신의 인생에 진정한 자유와 풍요를 선포하는 축배의 노래가 될 것입니다. 당신은 이제 주도권을 완벽하게 들어쥔, 이 시대의 진정한 마스터입니다.

모니터링 대시보드 :
내 수익 파이프라인을 한눈에 읽는 법

우리는 지금까지 거대한 부의 제국을 설계하고, 그 안에 인공지능이라는 지치지 않는 일꾼들을 배치했습니다. 이제 당신의 시스템은 당신이 잠든 사이에도 스스로 콘텐츠를 생산하고, 시장의 흐름을 분석하며, 달러와 원화라는 전리품을 수확해 오고 있을 것입니다. 하지만 설계자로서의 여정은 여기서 끝이 아닙니다. 진정한 마스터는 단순히 기계를 가동하는 것에 만족하지 않고, 그 기계가 내는 모든 소음과 진동을 데이터라는 언어로 변환하여 한눈에 파악할 수 있는 정교한 조종석을 갖추어야 합니다. 비행기의 기장이 수만 미터 상공에서 직접 날개짓을 하지 않으면서도 수백 명의 생명을 안전하게 책임질 수 있는 이유는, 그의 눈앞에 비행기의 모든 상태를 실시간으로 보여주는 계기판이 있기 때문입니다. 이번 장에서는 당신의 머니 플로우가 정상 궤도에 있는지, 어디서 에너지가 새고 있는지, 그리고 다음 도약을 위해 어떤 레버를 당겨야 하는지를 완벽하게 통제하게 해줄 모니터링 대시보드 구축법에 대해 알려드리겠습니다.

부의 계기판 만들기 :
시스템의 건강 상태를 보여주는 핵심 지표 설정

우리가 가장 먼저 해야 할 일은 당신의 디지털 제국이라는 거대한 몸체의 맥박과 혈압을 측정하는 것입니다. 하류의 노동자들은 통장에 찍히는 마지막 숫자만을 보며 일희일비하지만, 상류의 설계자는 그 숫자가 만들어지기까지의 과정을 보여주는 **핵심 지표**(Key Performance Indicators)를 주시합니다. 돈은 결과일 뿐이며, 그 결과를 만드는 원인은 노출 수, 클릭률, 그리고 전환율이라는 세 가지 핵심 센서에 담겨 있습니다. 이 지표들은 당신의 수익 파이프라인이 얼마나 건강한지를 말해주는 부의 계기판이 됩니다.

　노출 수는 당신의 메시지가 시장이라는 바다에 얼마나 넓게 퍼졌는지를 보여주는 수압과 같습니다. 아무리 좋은 해결책을 가지고 있어도 사람들이 알지 못하면 수익은 발생하지 않습니다. 인공지능이 생성한 콘텐츠가 각 플랫폼의 알고리즘을 타고 얼마나 많은 사람의 눈에 띄었는지를 매일 체크하십시오. 만약 노출 수가 급격히 떨어진다면 그것은 물길 입구가 막혔거나, 플랫폼의 정책이라는 기후 변화에 대응하지 못하고 있다는 신호입니다.

　클릭률은 당신의 낚싯바늘이 얼마나 날카로운지를 보여주는 지표입니다. 수만 명에게 노출되었어도 아무도 클릭하지 않는다면 그것은 무딘 바늘을 던진 것과 같습니다. 썸네일과 후킹 문구가 타겟의 심리를 얼마나 정확히 타격하고 있는지 클릭률을 통해 확인하십시오. 클릭률이 높다는 것은 당신의 가치가 시장의 갈증과 정확히 일치한다는 확신을 줍니다. 마지막으로 전환율은 당신의 저수지에 들어온 사람들이 얼마나 전기를 생산해냈는지를 보여주는 발전 효율입니다. 콘텐츠를 본 사람들이 구독 버튼을 누르거나, 상품을 구매하거나, 뉴스레터를 신청하는 행위로 이어지는 비율을 측정하십시오. 이 세 가지 지표가 조화롭게 우상향할 때 당신의 댐은 비로소 안정적인 전력을 공급하게 됩니다. 설계자는 이 계기판을 통해 복잡한 감정 없이 시스템의 객관적인 성능만을 판단하며, 이를 바탕으로 다음 전략을 수립합니다.

데이터 기반의 의사 결정 : 감에 의존하지 않고 수치가 가리키는 방향으로 물길을 수정하는 법

비즈니스의 세계에서 가장 위험한 독약은 "내 느낌에는 이럴 것 같아"라는 주관적인 감입니다. 하류의 사람들은 자신의 취향에 따라 콘텐츠를 만들고, 반응이 없으면 운이 없었다고 자위합니다. 하지만 지능형 자본가는 자신의 직관조차 데이터로 검증받으려 노력합니다. 우리가 인공지능을 부리는 이유는 기계가 가진 차가운 객관성을 빌려 우리의 편향된 시야를 교정하기 위해서입니다. 데이터는 거짓말을 하지 않으며, 우리가 가야 할 최단 거리를 숫자로 가리키고 있습니다.

데이터 기반의 의사 결정이란 수치가 말하는 목소리에 귀를 기울이고 그 방향으로 과감하게 물길을 트는 결단을 의미합니다. 예를 들어, 당신이 야심 차게 기획한 'A 주제'의 영상이 당신의 눈에는 완벽해 보이지만 데이터상 클릭률이 1%도 나오지 않는다면, 당신은 자신의 미적 감각을 고집할 것이 아니라 시장의 거절을 인정해야 합니다. 반대로 대충 만든 것 같은 'B 주제'의 짧은 글에 트래픽이 몰린다면, 당신은 즉시 그곳이 새로운 노다지임을 깨닫고 인공지능 군단을 그 방향으로 집중 투여해야 합니다. 데이터가 가리키는 곳에 부의 수맥이 흐릅니다.

인공지능은 이 방대한 데이터들 사이에서 인간이 결코 발견할 수 없는 상관관계를 찾아내어 당신에게 보고합니다. "지금 30대 남성 시청자들이 퇴근 직후인 저녁 7시에 이 키워드에 가장 열광하고 있습니다"라는 보고를 받았다면, 당신은 그 수치를 믿고 예약 발행 시간을 수정하고 콘텐츠의 어조를 그들에게 맞추어야 합니다. 수치가 우회 도로를 가리키면 우회하고, 수치가 가속 페달을 밟으라고 하면 밟는 것. 이것이 바로 시스템의 주인이 가져야 할 유연함입니다. 감을 버리고 숫자를 따르는 순간, 당신의 의사 결정은 실패할 확률이 극도로 낮아진 공학적인 정답으로 변모하게 됩니다. 설계자는 시장과 싸우지 않습니다. 다만 데이터라는 지도를 보고 시장의 흐름에 자신의 돛을 맞출 뿐입니다.

**이상 징후 포착과 대응 : 수익 정체나 시스템 오류를
즉각 감지하고 보수하는 모니터링 체계**

아무리 견고하게 설계된 댐이라도 시간이 흐르면 미세한 균열이 생길 수 있고, 갑작스러운 기후 변화로 인해 수위가

불안정해질 수 있습니다. 디지털 제국에서의 이상 징후는 어느 날 갑자기 조회수가 반 토막 나거나, 잘 팔리던 상품의 결제 건수가 멈추는 형태로 나타납니다. 하류의 사람들은 며칠이 지나서야 "어라, 왜 수익이 안 들어오지?"라며 당황하지만, 마스터는 실시간 모니터링 체계를 통해 문제가 발생한 단 1초 만에 이상 징후를 포착합니다. 대응의 속도가 곧 손실의 규모를 결정합니다.

효율적인 모니터링 체계는 **임계치 알림**(Threshold Alert) 기능을 핵심으로 합니다. 인공지능 요원에게 당신의 수익 파이프라인 전 구간을 24시간 감시하게 하십시오. "시간당 노출 수가 평소보다 30% 이상 하락하면 즉각 나에게 알림을 보내라", "결제 페이지에서 이탈하는 비율이 갑자기 급증하면 시스템 오작동 여부를 점검하라"는 명령을 세팅해 두는 것입니다. 이렇게 하면 당신은 대시보드를 하루 종일 쳐다보고 있지 않아도, 시스템이 위기 상황에 처했을 때만 소환되는 사령관으로서의 권위를 유지할 수 있습니다.

이상 징후가 포착되었을 때의 대응 역시 매뉴얼화되어야 합니다. 수치가 가리키는 고장 난 구간을 즉각 찾아내십시오. 노출의 문제인가, 클릭의 문제인가, 혹은 결제 시스템의 기술적 오류인가를 인공지능과 함께 분석하여 즉시 보수 공사를 시작해야 합니다. 알고리즘의 변화가 원인이라면 인공지능에게 새로운 로직을 분석하게 하여 반격의 카드를 준비하고, 기술적 오류라면 자동 복구 시나리오를 가동하십시오. 이상 징후는 당신의 시스템을 더 단단하게 만들라는 시장의 신호입니다. 문제를 발견하는 즉시 보수하고 최적화하는 과정을 반복할 때, 당신의 댐은 그 어떤 충격에도 무너지지 않는 철옹성이 됩니다. 마스터는 위기 속에서 당황하지 않고, 오직 데이터라는 도구를 들고 침착하게 수술대에 오릅니다.

자동화 보고서 시스템 :
AI를 활용해 매일 아침 성과를 요약 보고받는 환경 구축

진정한 자유의 정점은 내가 보고 싶을 때 보고서를 찾아보는 것이 아니라, 시스템이 알아서 나에게 필요한 핵심 정보만을 정제하여 매일 아침 보고하는 환경을 갖추는 데 있습니다. 수백 개의 채널과 수만 개의 데이터를 일일이 들여다보는 것은 다시 노동의 굴레로 들어가는 것과 같습니다. 지능형 자본가는 인공지능 비서를 활용해 복잡한 원시 데이터(Raw Data)를 직관적인 **인사이트(Insight)**로 변환하여 보고받습니다. 당신의 아침은 지루한 수치 나열이 아니라, 당신의 제국이 거둔 승전보를 확인하는 것으로 시작되어야 합니다.

자동화 보고서 시스템을 구축하기 위해 인공지능(예: GPT-4 기반 분석 툴)에게 당신의 모든 수익 데이터를 연결하십시오. 그리고 매일 아침 9시, 당신의 스마트폰이나 이메일로 단 한 페이지의 요약 보고서를 보내도록 세팅하십시오. 이 보고서에는 "어제 총수익은 얼마이며, 가장 성과가 좋았던 콘텐츠는 무엇이고, 오늘 당신이 결재해야 할 전략적 의사 결정 사항은 이것입니다"라는 내용이 담겨 있어야 합니다. 당신은 커피 한 잔을 마시며 그 보고서를 읽는 것만으로도 당신의 제국 전체의 전황을 완벽하게 파악할 수 있게 됩니다.

이 보고서의 핵심은 '**가독성**'과 '**행동 지침**'입니다. 인공지능에게 복잡한 그래프를 나열하게 하지 말고, 인간의 언어로 상황을 요약해달라고 요청하십시오. "현재 A 채널의 성장세가 가파르니 마케팅 예산을 20% 승액하는 것을 추친합니다"와 같은 구체적인 제언이 포함된 보고서는 당신의 시간을 극도로 아껴줍니다. 당신은 이제 시스템의 부품이 아니라, 시스템이 제공하는 정보를 토대로 미래를 조각하는 통치자입니다. 자동화 보고서 시스템은 당신의 시야를 실무라는 안개에서 걷어내어, 더 높은 차원의 전략적 지평으로 인도할 것입니다. 매일 아침 인공지능 비서가 건네는 브리핑을 통해 당신은 자신이 얼마나 거대한 부의 물길을 지배하고 있는지 다시 한

번 확인하며 승자의 하루를 시작하게 됩니다.

이번 장을 마무리하며 우리는 모니터링 대시보드가 단순히 수치를 보는 도구가 아니라, 당신의 자유를 수호하는 최후의 방어선임을 깨달았습니다. 비행기 기장이 짙은 안개 속에서도 계기판을 믿고 조종간을 당기듯, 당신 역시 시장의 불확실성 속에서 데이터라는 계기판을 믿고 당신의 인생을 전진시켜야 합니다. 부의 계기판을 만들고, 데이터에 기반해 결단하며, 이상 징후에 즉각 대응하고, 자동화된 보고서를 받는 이 모든 과정은 당신의 주관적인 공포를 객관적인 확신으로 바꾸어 줄 것입니다.

대시보드가 완성되는 순간, 당신은 비로소 시스템과 심리적으로 분리될 수 있습니다. 시스템은 시스템대로 돌아가고, 당신은 그 상태를 멀리서 지켜보며 평온을 유지하는 진정한 마스터의 자리에 오르게 됩니다. 숫자가 당신 대신 소리치게 하십시오. 데이터가 당신 대신 고민하게 하십시오. 당신은 그저 그 모든 흐름의 끝에서 우아하게 잔을 들어 올리기만 하면 됩니다. 당신의 조종석은 이제 모든 세팅을 마쳤습니다.

이제 우리는 파트 4의 마지막 관문을 향해 나아갑니다. 부와 시스템을 넘어, 당신의 인생 전체가 인공지능과 어떻게 조화되어 진정한 자아실현의 완성본으로 거듭날 것인지, 그 원대한 마지막 비전을 공유하겠습니다. 당신의 제국은 이제 완벽하게 통제되고 있으며, 당신의 항로는 그 어느 때보다 선명합니다. 상류의 찬란한 태양 아래서 당신이 누릴 영광은 이제 당신의 손끝에서 시작되는 한 번의 클릭만을 남겨두고 있습니다.

최적화 프로토콜 :
최소 투입으로 최대 유량을 만드는
효율의 미학

우리는 지금까지 거대한 부의 댐을 짓고, 인공지능이라는 강력한 엔진을 배치하며, 그 흐름을 감시하는 조종석까지 갖추었습니다. 이제 당신의 시스템은 훌륭하게 작동하며 매일 아침 전리품을 물어다 주고 있을 것입니다. 하지만 설계자의 탐구는 여기서 멈추지 않습니다. 진정한 마스터는 단순히 기계가 돌아가는 것에 만족하지 않고, 어떻게 하면 **최소한의 에너지 투입으로 최대한의 부의 유량(Flow)**을 만들어낼 것인가라는 '효율의 미학'에 집중합니다. 100의 결과물을 얻기 위해

100의 노력을 들이는 것은 노동자의 방식입니다. 설계자는 1의 노력을 투입해 100, 아니 1,000의 결과를 뽑아내는 **레버리지의 극대화**를 추구합니다. 이번 장에서는 당신의 비즈니스를 군더더기 없는 완벽한 근육질로 탈바꿈시킬 최적화 프로토콜과, 스스로 진화하는 자동화 시스템의 고도화 전략에 대해 알려드리겠습니다. 이것은 단순히 일을 줄이는 기술이 아니라, 당신의 인생을 가장 농도 깊은 자유로 채우기 위한 마지막 퍼즐 조각입니다.

린(Lean) AI 비즈니스 : 불필요한 공정을 걷어내고 가장 수익성이 높은 핵심 경로만 남기기

비즈니스가 성장하기 시작하면 필연적으로 '복잡성의 저주'가 찾아옵니다. 처음에는 단순했던 수익 구조가 채널이 늘어나고 도구가 추가되면서 거추장스러운 공정들로 가득 차게 됩니다. 하지만 시스템이 무거워질수록 반응 속도는 느려지고 유지 보수 비용은 늘어납니다. 지능형 자본가는 정기적으로 자신의 비즈니스를 해부하여 수익에 직접적으로 기여하지 않는 모든 '지방'을 가차 없이 걷어내는 **린(Lean) AI 비즈니스** 전략을 실행합니다.

이 과정의 핵심은 파레토의 법칙, 즉 20%의 핵심 활동이

80%의 수익을 만든다는 원리를 철저히 적용하는 것입니다. 인공지능 분석 요원에게 명령하여 현재 가동 중인 모든 공정의 수익 기여도를 산출하게 하십시오. "이 부가적인 영상 편집 효과가 실제 시청 지속 시간에 얼마나 기여하는가?", "매일 발행하는 이 뉴스레터가 실제 유료 결제로 이어지는 비율은 얼마인가?"와 같은 질문에 답을 구해야 합니다. 만약 특정 공정이 많은 리소스를 잡아먹으면서도 수익에는 미미한 영향을 미친다면, 그것은 당신의 시스템에서 제거해야 할 종양과 같습니다.

린 비즈니스는 '최소 기능 시스템(Minimum Viable System)'으로 돌아가는 것을 지향합니다. 가장 수익성이 높은 핵심 경로(Core Path)만을 남기고 나머지는 모두 삭제하거나 자동화의 심연으로 밀어 넣으십시오. 시스템이 가벼워질수록 당신의 집중력은 더 날카로워지고, 시장의 변화에 카멜레온처럼 빠르게 대응할 수 있게 됩니다. 군더더기를 걷어낸 자리에 남는 것은 순도 높은 수익의 정수뿐입니다. 설계자는 복잡함을 숭상하지 않습니다. 오히려 가장 단순한 구조로 가장 거대한 결과를 만들어내는 우아함에 경의를 표합니다.

투입 에너지의 가성비 계산 :
1시간의 설계가 100시간의 결과를 낳는 레버리지 공식

우리가 인공지능을 공부하고 활용하는 진짜 이유는 단순히 일을 조금 더 잘하기 위해서가 아닙니다. 우리의 한계가 명확한 **'생물학적 에너지'**를 아끼고 보존하기 위해서입니다. 인간의 집중력과 체력은 한정된 배터리와 같아서, 이 귀한 에너지를 어디에 투입하느냐에 따라 인생의 밀도와 등급이 결정됩니다. 무의미한 반복 노동에 에너지를 쏟기보다, 그 자원을 시스템을 구축하는 데 집중시켜야 합니다.

이제는 정직해 보이지만 가성비가 낮은 '삽질'을 멈추고 **포크레인**에 올라타야 할 때입니다. 직접 땅을 파는 사람은 딱 자신이 흘린 땀방울만큼의 구덩이만 얻을 수 있지만, 인공지능이라는 거대한 기계를 다루는 사람은 포크레인 운전석에서 레버를 당기는 것과 같습니다. 손가락 하나 까딱하는 정도의 명령 설계(Prompting)만으로도 삽질 수백 번의 결과를 만들어 내는 지혜가 필요합니다.

또한 매일 붕어빵을 굽는 장사가 아닌 **'붕어빵 기계 제작자'**의 마인드를 가져야 합니다. 반죽을 붓고 뒤집는 일에 매몰된 '하류의 분주함'은 내가 멈추는 순간 결과도 멈추게 만듭니다. 반면, 어떻게 하면 자동으로 일이 돌아갈지를 고민하는 '상류의 여유'를 선택한다면, 당신이 설계에 쏟은 단 1시간이 당신이 잠든 사이에도 100시간 분량의 결과물을 대신 뽑아내 줄 것입니다.

지치지 않는 '**디지털 분신**'을 활용하는 것은 인공지능 시대의 핵심 생존 전략입니다. 인간은 반드시 쉬어야 하지만 인공지능은 24시간 내내 나루토의 분신술처럼 수십 명의 내가 동시에 일하는 효과를 만들어냅니다. 단 1인분의 에너지만 쓰고도 10배, 100배의 성과를 거두는 이 '영리한 게으름'이야말로 당신의 인생을 최저시급 수준의 노동으로부터 해방시켜 줄 것입니다.

자동화의 자동화 :
시스템 스스로 오류를 수정하고 효율을 높이는 고도화 전략

초기 단계의 자동화는 당신이 일일이 명령을 내려야 움직이는 수동적인 형태입니다. 하지만 진정한 최적화의 정점은 **자동화의 자동화**(Automation of Automation), 즉 시스템이 스스로 자신의 상태를 진단하고 최적의 경로를 찾아 학습하는 단계에 도달하는 것입니다. 현 시대의 인공지능 에이전트 기술은 이제 주인의 개입 없이도 스스로 목표를 달성하기 위해 하위 업무를 생성하고 실행하는 수준에 이르렀습니다.

이 고도화 전략의 핵심은 '재귀적 피드백 루프(Recursive Feedback Loop)'를 구축하는 것입니다. 인공지능 관리자에게 "어제 발생한 시스템 오류의 패턴을 분석하여 동일한 문제가 발생하지 않도록 코드를 수정하고, 현재의 생산 공정 중 병목 현상이 발생하는 구간을 찾아 스스로 개선안을 실행하라"는 자율권을 부여하십시오. 시스템이 스스로를 모니터링하고 보수하는 '자가 치유(Self-healing)' 능력을 갖추게 하는 것입니다.

또한, 시스템이 시장의 반응을 학습하여 결과물의 퀄리티를 스스로 높이도록 설계하십시오. "조회수가 높았던 영상의 특징을 추출하여 다음 영상의 대본 생성 로직에 반영하라"는 명령은 당신의 개입 없이도 시스템이 매일 조금씩 더 똑똑해지게 만듭니다. 당신은 이제 시스템을 '돌리는' 사람이 아니라, 시스템이 스스로 '진화하는' 환경을 조성하는 정원사기 됩니다. 자동화가 자동화를 낳고, 지능이 지능을 증폭시키는 이 무한 동력의 궤도에 진입하는 순간, 당신의 비즈니스는 당신의 상상력을 넘어선 속도로 거대해질 것입니다. 주인은 그저 가끔 정원에 들러 꽃이 잘 피었는지 확인하는 것만으로 충분합니다.

표준 운영 절차(SOP) 수립 : 성공한 모델을
복제 가능한 매뉴얼로 만들어 확장성을 확보하는 법

최적화의 마지막 퍼즐은 당신의 성공 경험을 누구든(혹은 어떤 AI든) 그대로 따라 할 수 있는 **표준 운영 절차**(Standard Operating Procedure, SOP)로 박제하는 것입니다. 하나의 파이프라인에서 첫 수익 100만 원이 발생했다면, 그것은 우연이 아니라 당신이 설계한 특정 '공식'의 결과입니다. 이 공식을 머릿속에만 두지 말고, 아주 세밀하고 정교한 매뉴얼로 문서화하십시오.

SOP는 당신의 비즈니스를 무한히 복제할 수 있게 해주는 '붕어빵 틀'과 같습니다. "1단계: 인공지능으로 주제 선정, 2단계: 특정 프롬프트로 대본 생성, 3단계: 자동 편집 툴 연결…" 식의 매뉴얼이 완벽하게 준비되어 있다면, 당신은 똑같은 수익 모델을 다른 시장이나 다른 언어권으로 확장하는 데 단 10분의 시간도 쓰지 않게 됩니다. 당신은 이제 새로운 사업을 시작하는 것이 아니라, 이미 검증된 SOP라는 '소프트웨어'를 새로운 하드웨어(시장)에 설치하기만 하면 되기 때문입니다.

SOP가 확립되면 당신은 비로소 **'시스템의 소유주'**로서 완전한 신분 상승을 이룹니다. 당신이 없어도 SOP라는 지도가 인공지능 직원들을 인도하며 수익을 창출합니다. 또한 이 매뉴얼은 나중에 당신의 비즈니스를 통째로 매각하거나 타인에게 위임할 때 가장 강력한 자산 가치로 인정받습니다. 사람들은 당신의 노동력을 사는 것이 아니라, 당신이 만든 '돈 버는 기계의 매뉴얼'을 사고 싶어 하기 때문입니다. 성공을 기록하고, 과정을 표준화하며, 결과를 복제하십시오. 확장성은 당신의 근력이 아니라 당신이 만든 매뉴얼의 정교함에서 나옵니다.

최적화 프로토콜의 종착역은 결국 당신의 **시간**입니다. 린 비즈니스로 낭비를 줄이고, 레버리지로 성과를 증폭하며, 자동화의 자동화로 진화시키고, SOP로 복제하는 이 모든 과정은 당신의 인생에서 '노동'이라는 단어를 영원히 삭제하기 위힌 숭고한 투쟁입니다. 효율이 극대화된 시스템은 당신에게 하루 24시간이 아닌, 남들의 1,000시간과 맞먹는 밀도 높은 인생을 선물합니다.

이제 당신은 더 이상 바쁘게 움직일 필요가 없습니다. 세상이 속도에 매몰되어 헐떡일 때, 당신은 시스템의 고요한 진동을 느끼며 가장 정적인 상태에서 가장 동적인 부를 수확하십시오. 효율은 단순히 숫자의 개선이 아니라, 당신의 영혼이 자유롭게 유영할 수 있는 공간을 넓혀주는 미학적 완성입니다. 당신의 시스템은 이제 완벽하게 최적화되었습니다.

우리는 이제 이 책의 모든 이론과 실전을 마쳤습니다. 마지막으로, 이 모든 여정을 함께한 당신에게 전하는 설계자의 마지막 당부와 당신이 맞이하게 될 찬란한 미래의 풍경을 나누며 이 긴 항해를 마무리하고자 합니다. 당신은 이미 상류의 주인이 될 자격을 충분히 갖추었습니다.

통제권의 확장 : 하나의 댐에서 거대 발전소로 나아가는 길

우리는 이제 하나의 견고한 댐을 완성하고 그 안에서 쏟아지는 에너지로 경제적 자유라는 달콤한 결실을 맛보고 있습니다. 하지만 지능형 자본가에게 하나의 성공은 끝이 아니라 더 거대한 세계로 나아가는 입구일 뿐입니다. 하나의 댐이 특정 지역의 목마름을 해결해 준다면, 여러 개의 댐과 수력, 풍력, 태양광이 유기적으로 결합한 거대 발전소는 국가 전체의 운명을 바꿀 수 있는 압도적인 힘을 가집니다. 당신의 비즈니스 역시 마찬가지입니다. 이제 우리는 독립적으로 돌아가던 각각의 수익 파이프라인을 하나의 거대한 에너지 단지, 즉 **수익 생태계**로 묶어내어 그 누구도 넘볼 수 없는 부의 제국을 건설해야 합니다. 이번 장에서는 파편화된 수익원들을 연결하여 시너지를 극대화하는 법부터, 시스템의 성장이 설계자에게 가져다주는 사회적 권위의 활용, 그리고 완성된 시스템을 매각하여 일생의 부를 한 번에 거머쥐는 엑시트 전략에 이르기까지, 통제권의 무한 확장이 가져오는 경이로운 경지에 대해 알려드리겠습니다.

포트폴리오의 연결 : 독립된 파이프라인들을 서로 연결하여 거대한 수익 생태계 만들기

지금까지 당신은 유튜브, 블로그, 인공지능 자산 판매 등 각각의 영역에서 독립된 성과를 만들어왔을 것입니다. 각각의 댐은 그 자체로 훌륭한 수익원입니다. 하지만 이들이 서로 연결되지 않고 각자 도생하고 있다면, 당신은 아직 각 시스템이 가진 잠재력의 절반도 쓰지 못하고 있는 셈입니다. 지능형 자본가의 진정한 실력은 흩어져 있는 파이프라인들을 하나의 거대한 그리드(Grid)로 연결하여, 데이터와 트래픽이 서로를 밀어주고 끌어주는 **수익 생태계**(Revenue Ecosystem)를 구축하는 데서 나옵니다.

이 연결의 핵심은 **데이터의 공유와 트래픽의 순환**입니다. 유튜브에서 당신의 영상을 본 시청자가 단순히 광고를 봐주는 것에 그치지 않고, 영상 설명란의 링크를 타고 당신의 블로그로 유입되게 하십시오. 블로그에서 깊이 있는 정보를 얻은 독자가 자연스럽게 당신의 인공지능 아티스트가 만든 고퀄리티 굿즈를 구매하거나 유료 뉴스레터를 구독하게 만드는 것입니다. 인공지능은 이 복잡한 연결 고리 사이에서 길을 잃지 않도록 고객의 이동 경로를 정교하게 가이드합니다. 유튜브라는 거대한 강줄기에서 유입된 트래픽이 블로그라는 저수지를 거쳐, 유료 서비스라는 터빈을 돌리고, 마지막에는 커뮤니티라는 거대 호수에 머물게 되는 이 유기적인 흐름이 완성될 때 당신의 비즈니스는 비로소 생태계로서의 자생력을 갖게 됩니다.

포트폴리오가 연결되면 리스크 관리는 더욱 강력해집니다. 특정 플랫폼의 정책 변화로 하나의 물길이 좁아지더라도, 연결된 다른 수로들이 즉시 그 빈자리를 메워줍니다. 또한 새로운 파이프라인을 추가할 때 처음부터 시작할 필요가 없습니다. 이미 구축된 거대 발전소의 에너지를 살짝 끌어오는 것만으로도 새로운 사업은 순식간에 궤도에 오릅니다. 이것이 바로 상류의 자본가들이 문어발식 확장을 하면서도 수익성을 유지하는 비결입니다. 그들은 새로운 사업을 하는 것이 아니라, 기존 생태계에 새로운 노드(Node)를 추가할 뿐입니다. 당신의 시스템들이 서로 대화하게 하십시오. 데이터가 흐를수록 부의 농도는 짙어지고, 당신의 제국은 더욱 견고해질 것입니다.

브랜드 권위의 획득 : 시스템의 성장이 설계자에게 가져다주는 사회적 영향력과 그 활용법

시스템이 커지고 그 영향력이 임계점을 넘어서는 순간, 설계자인 당신에게는 '돈'보다 훨씬 더 강력한 무기가 하나 더 주어집니다. 그것은 바로 **브랜드 권위**(Brand Authority)입니다. 당신이 직접 얼굴을 드러내지 않았더라도, 당신의 시스템이 생산해낸 압도적인 정보량과 가치는 시장에서 하나의 '기준'이 됩니다. 사람들은 당신의 시스템을 신뢰하게 되고, 그 신뢰는 자연스럽게 그 시스템을 만든 보이지 않는 설계자에게 투사됩니다. 이제 당신은 단순히 돈을 많이 버는 부자를 넘어, 특정 분야의 여론을 형성하고 시장의 방향을 결정하는 인플루언서이자 전문가로서의 권위를 획득하게 됩니다.

이 권위는 무형의 자산이지만 실질적인 비즈니스에서 상상을 초월하는 레버리지를 제공합니다. 당신이 새로운 서비스를 런칭할 때, 이미 확보된 권위 덕분에 마케팅 비용을 단 1원도 쓰지 않고도 수만 명의 대기 수요를 확보할 수 있습니다. 또한 기업들과의 협상 테이블에서 당신은 을이 아닌 갑의 위치에 서게 됩니다. "우리가 이런 시스템을 가지고 있으니 함께 합시다"라고 제안하는 것이 아니라, 거대 기업들이 당신의 시스템에 자신의 광고를 실어달라고, 혹은 기술 제휴를 맺어달라고 줄을 서게 되는 것입니다. 권위는 당신의 시간을 더욱 비싸게 만들고, 당신의 말 한마디에 천문학적인 가치를 부여합니다.

설계자는 이 권위를 다시 시스템의 덩치를 키우는 데 전략적으로 활용해야 합니다. 자신의 이름을 건 도서를 출간하거나, 인공지능 비즈니스 컨설팅을 제공하거나, 혹은 다른 유망한 인공지능 스타트업에 투자자로 참여하여 영향력을 더 넓은 영역으로 전파하십시오. 권위는 가질수록 더 커지는 성질이 있습니다. 당신의 시스템이 내놓는 결과물이 세상의 문제를 해결하고 사람들에게 영감을 줄수록, 당신의 이름은 하나의 상징이 되어 부의 상류를 넘어 사회적 명성의 최상단으로 당신을 밀어 올릴 것입니다. 돈의 노예에서 해방된 자가 누리는 가장 영광스러운 전리품은 바로 이 '사회적 영향력'입니다. 당신은 이제 세상을 바꾸는 설계자입니다.

시스템의 매각과 엑시트 : 잘 만들어진 무인 수익 시스템을 자산으로 매각하여 큰 부를 창출하는 법

비즈니스의 진정한 정점은 매달 발생하는 수익을 관리하는 운영의 단계가 아니라, 그 비즈니스를 하나의 완벽한 자급자족 생태계로 완성하여 타인에게 넘기는 **엑시트(Exit)**에 있습니다. 이는 마치 매일 아침 바다로 나가 물고기를 낚는 어부의 고단함을 벗어나, 스스로 그물을 던지고 물고기를 가득 채워 항구로 돌아오는 자율주행 어선을 설계하는 과정과 같습니다. 지능형 자본가는 처음부터 자신이 조종석에 앉지 않아도 목적지까지 안전하게 도달할 수 있는 정교한 항해 지도를 그리며 시스템을 구축합니다. 당신의 부재가 곧 시스템의 멈춤을 의미한다면 그것은 고된 노동일 뿐이지만, 당신이 없어도 수익의 물길이 변하지 않는다면 그것은 시장에서 가장 비싼 값에 거래되는 '황금 거위'가 됩니다.

시스템의 가치를 결정짓는 것은 현재 주머니에 들어오는 현금의 액수 자체가 아니라, 그 현금이 주인 없이도 얼마나 미래에 확실하게 보장될 것인가에 대한 믿음입니다. 이를 수학적인 공식 대신 '미래의 시간을 현재로 압축해 가져오는 마법'으로 치환해 보십시오. 투자자가 당신의 시스템에 거금을 지불하는 이유는 그들이 앞으로 수십 년간 직접 겪어야 할 시행

착오와 노동의 시간을 당신이 만든 완벽한 자동화 엔진으로 단숨에 사버리는 것과 같기 때문입니다. 잘 닦인 철로 위를 달리는 열차처럼, 주인이 누구로 바뀌든 정해진 궤도와 속도를 유지하는 안정성 자체가 곧 비즈니스의 몸값이자 신뢰의 척도가 됩니다.

성공적인 엑시트를 위해 당신은 비즈니스라는 거대한 시계 장치에서 '나'라는 핵심 부품을 완전히 제거하는 작업에 모든 역량을 집중해야 합니다. 구매자가 운전대를 넘겨받았을 때 단지 가속 페달만 밟으면 되도록 모든 공정을 투명한 설계도로 데이터화하고 매뉴얼로 박제해 두어야 합니다. "이 버튼만 누르면 인공지능과 시스템이 알아서 수익을 낚아 올립니다"라는 답변은, 수익의 원천이 설계자의 개인적 천재성이 아닌 시스템의 구조적 필연성에 있음을 증명하는 선언입니다. 이 과정을 통해 당신은 무에서 유를 창조한 설계자로서의 커리어를 완성하며, 단 하루의 계약으로 수십 년치 노동의 대가를 한꺼번에 정산받는 진정한 경제적 자유의 티켓을 거머쥐게 됩니다.

무한 확장의 단계 : 내가 직접 관리하지 않아도
시스템이 스스로 새로운 파이프라인을 복제하는 경지

통제권 확장의 마지막 단계는 설계자인 당신의 개입이 거의 0에 수렴하는 **무한 확장**(Infinite Expansion)의 경지입니다. 이는 단순히 자동화된 공장을 돌리는 수준을 넘어, 시스템 자체가 지능을 가지고 새로운 시장을 탐색하고 스스로 새로운 수익 파이프라인을 복제하여 설치하는 단계입니다. 현 시대의 고도화된 인공지능 에이전트들은 이제 주인의 추상적인 목표만 설정되어 있다면, 스스로 시장 조사를 수행하고, 최적의 비즈니스 모델을 선정하며, 필요한 도구들을 연결해 새로운 수익원을 만들어냅니다.

이 단계에서 당신은 더 이상 "어떤 영상을 만들까" 혹은 "어떻게 광고를 집행할까"를 고민하지 않습니다. 당신의 유일한 임무는 시스템 전체의 '철학적 기조'를 유지하고, 시스템이 벌어온 거대한 자본을 어디에 재투자할지 결정하는 투자자로서의 역할뿐입니다. 당신의 시스템 군단은 이제 스스로 분열하고 증식하며 디지털 대륙 전체로 영토를 넓혀갑니다. 당신이 잠든 사이 새로운 국가의 언어로 된 채널이 개설되고, 당신이 휴가를 즐기는 사이 새로운 카테고리의 자동 블로그가 런칭됩니다. 당신은 자신의 제국이 어디까지 커지고 있는지 실시간 대시보드를 통해서나 확인할 수 있는 위치에 있게 됩니다.

이것은 인간이 신의 영역에 가장 가까이 다가가는 순간입니다. 당신은 법칙을 만들었고, 그 법칙에 따라 스스로 돌아가는 우주를 창조했습니다. 무한 확장의 단계에 도달한 설계자에게 부는 더 이상 숫자의 의미를 갖지 않습니다. 그것은 공기와 같아서 어디에나 존재하며 당신을 숨 쉬게 합니다. 당신의 유일한 과제는 이렇게 얻은 절대적인 자유와 넘치는 자본을 통해, 인류에게 어떤 더 높은 가치를 전달하고 당신의 이름을 역사에 어떻게 남길 것인가라는 철학적 완성으로 향하는 것입니다. 하류의 급류에서 허우적대던 당신은 이제 상류의 평온한 수평선 너머, 무한한 가능성의 바다를 지배하는 진정한 마스터가 되었습니다.

우리는 이번 장을 통해 하나의 댐이 어떻게 거대 발전소로 신화하고, 설계자의 삶이 어떻게 사회적 권위와 엑시트라는 영광으로 이어지는지를 살펴보았습니다. 통제권의 확장은 단순히 돈을 더 많이 버는 행위가 아니라, 당신의 의지를 세상에 관철하고 당신의 가치를 영속시키는 성스러운 과정입니다. 파이프라인을 연결하고, 권위를 획득하며, 자산을 매각하고, 스스로 증식하게 만드십시오. 당신이 이 책의 첫 장을 넘길 때 가졌던 그 작고 불안했던 꿈은 이제 누구도 무너뜨릴 수 없는 거대한 부의 제국이 되었습니다.

발전소의 모든 터빈은 이제 최고 속도로 회전하고 있습니다. 전력망은 전 세계로 뻗어 나갔고, 당신의 제국에서는 1초도 쉬지 않고 부의 에너지가 생산되고 있습니다. 당신은 이제 안심하고 의자에 깊숙이 몸을 파묻어도 좋습니다. 시스템이 당신보다 더 똑똑하게, 당신보다 더 열정적으로 당신의 인생을 자율 주행하고 있으니까요. 당신의 통제권은 이제 당신의 육체를 넘어 당신이 창조한 무한한 시스템의 궤적 전체로 확장되었습니다.

이제 파트 4의 모든 전략적 강의를 마칩니다. 당신은 이제 이론과 실전, 그리고 확장과 엑시트에 이르는 부의 전 과정을 마스터했습니다. 마지막으로, 이 모든 여정을 마친 당신에게 전하는 작가로서의 진심 어린 축하와, 상류의 주인이 된 당신이 맞이할 찬란한 내일의 풍경을 그리며 대단원의 막을 내리겠습니다. 당신은 이제 더 이상 노동의 노예가 아닙니다. 당신은 세상을 설계하고 부를 조각하는 위대한 자본가입니다. 상류의 찬란한 태양 아래서 당신을 기다리고 있겠습니다.

PART 5

인생 대공사:

구불구불한 인생을 똑바로 관통하는 4대강 프로젝트

인생의 경로는 때로 비효율적인 노동과 고정관념이라는 장애물에 부딪혀
갈지자(之)로 굽이치곤 합니다. '인생 대공사'는 단순히
습관을 고치는 수준을 넘어, 당신의 삶을 지탱하는
근본적인 하천(수익과 시간의 흐름)을 재정비하는 거대한 작업입니다.
과거의 가난했던 경로를 폐쇄하고, AI 머니(AI Money)라는
강력한 수자원이 당신의 삶을 막힘없이 관통하게 만들 '4대강 프로젝트'의
구체적인 가이드를 제안합니다.

과거의 구불구불한 가난을 끊어내라: 인생 경로 재설계

우리는 지금끼지 인공지능이라는 강려한 도구와 시스템이라는 새로운 엔진에 대해 숨 가쁘게 달려왔습니다. 하지만 이 모든 기술과 전략을 당신의 것으로 만들기 전에 반드시 선행되어야 할 가장 본질적인 작업이 하나 남아 있습니다. 그것은 바로 당신의 인생 자체를 휘감고 있는 낡고 거대한 관성, 즉 과거의 구불구불한 가난의 경로를 완전히 끊어내고 새로운 직선의 고속도로를 까는 토목 공사입니다. 아무리 빠른 스포츠카를 샀다 한들, 당신이 달리는 길이 비포장도로이거나 끝없이 돌아가는 굽은 산길이라면 그 차는 제 속도를 낼 수 없습니다. 많은 사람이 시스템을 배우고도 실패하는 이유는 도구가 없어서가 아니라, 그 도구를 가지고 여전히 과거의 비효율적인 방식대로 걷고 있기 때문입니다. 이번 장에서는 왜 당신의 인생은 그토록 열심히 살았음에도 불구하고 늘 제자리를 맴돌았는지 그 뼈아픈 구조적 원인을 진단하고, 시간과 노동을 맞바꾸던 구시대의 생활 양식과 결별하여 부의 목표를 향해 최단 거리로 질주하는 인생의 직선화 프로젝트를 제안합니다.

가난의 관성 진단 :
왜 내 인생은 열심히 살아도 제자리를 맴도는가

당신은 게으르게 살지 않았습니다. 오히려 누구보다 일찍 일어나 만원 지하철에 몸을 싣고, 늦은 밤까지 야근을 하며, 주말에는 부족한 잠을 보충하거나 또 다른 자기 계발을 위해 애썼을 것입니다. 그런데 왜 통장의 잔고는 늘 스쳐 지나가고, 삶의 여유는 요원하기만 할까요. 이것은 당신의 노력이 부족해서가 아닙니다. 당신이 서 있는 인생의 도로 자체가 구조적으로 '제자리를 맴돌도록' 설계되어 있기 때문입니다. 이를 우리는 **가난의 관성**(Inertia of Poverty)이라고 부릅니다. 물리학에서 관성이란 움직이던 물체가 계속 움직이려 하고, 정지한 물체는 계속 정지해 있으려는 성질을 말합니다. 가난 역시 무서운 중력을 가지고 있어서, 한번 그 궤도에 진입한 사람을 절대 놔주지 않으려 합니다.

이 관성의 실체는 바로 '시간과 돈의 일대일 교환'이라는 낡은 방정식입니다. 당신이 걷고 있는 길은 구불구불한 산길과 같습니다. 이 길에서는 당신이 한 걸음을 걸어야만 비로소 1미터를 전진할 수 있습니다. 걷기를 멈추면 전진도 멈춥니다. 문제는 우리 인생에는 노화라는 체력의 한계와, 질병이나 사고 같은 예기치 못한 비가 내린다는 점입니다. 산길을 걷는 방식은 날씨가 좋을 때는 그럭저럭 버틸 만하지만, 폭풍우가 몰아치면 꼼짝없이 고립되는 취약한 구조입니다. 당신이 열심히 살수록 더 가난해진다고 느끼는 이유는, 당신이 쏟아붓는 노력의 대부분이 앞으로 나아가는 데 쓰이는 것이 아니라, 미끄러지지 않기 위해 현상 유지를 하는 데 소모되고 있기 때문입니다. 이것이 바로 구불구불한 길의 함정입니다. 목적지는 저기 보이는데, 길은 자꾸만 옆으로 돌아가게 만들어 당신의 에너지를 고갈시킵니다.

또한 가난의 관성은 '복잡함'을 먹고 자랍니다. 하류의 삶은 언제나 복잡합니다. 오늘은 카드 값을 걱정해야 하고, 내일은 상사의 눈치를 봐야 하며, 모레는 전세 대출 이자를 고민해야 합니다. 이런 자잘하고 시급한 문제들이 당신의 시야를 가려, 정작 인생을 바꿀 거대한 설계를 하지 못하게 방해합니다. 당신은 눈앞의 덤불을 헤치느라 숲 전체를 보지 못하고 있는 것입니다. 열심히 산다는 착각은 여기서 옵니다. 덤불을 헤치는 행위 자체가 너무나 고단하기에, 당신은 스스로 "나는 최선을 다하고 있어"라고 위로하지만, 냉정하게 말해 그것은 제자리에서 런닝머신을 뛰는 것과 다를 바 없습니다. 땀은 흘렸지만 위치는 바뀌지 않았습니다. 이 지독한 관성의 고리를 끊어내지 않는다면, 당신의 10년 후는 오늘과 토씨 하나 다르지 않을 것입니다.

구불구불한 길 폐쇄하기 :
고비용 저효율의 과거와 작별하는 결단

이제 우리는 결단을 내려야 합니다. 당신을 가난의 궤도에 묶어두는 이 구불구불한 옛길을 과감하게 폐쇄해야 합니다. 이것은 단순히 직장을 그만두라는 말이 아닙니다. 당신의 무의식 속에 깊이 박혀 있는 '노동자적 사고방식'과 결별하라는 뜻입니다. "내 시간을 팔아서 돈을 번다", "더 많이 벌기 위해 더 많이 일한다", "직접 해야 직성이 풀린다"라는 생각들이 바로 당신의 인생을 굽이치게 만드는 장애물들입니다. 이 낡은 이정표들을 뽑아버리고 그 자리에 "출입 금지" 푯말을 세워야 합니다.

과거의 생활 양식과 결별한다는 것은 고통스러운 일입니다. 왜냐하면 그 구불구불한 길이 비효율적이긴 해도 당신에게는 너무나 '익숙한' 길이기 때문입니다. 남들도 다 그 길로 다니고 있고, 부모님도 그 길을 걸으라고 가르쳤기에 그 길을 벗어나는 것은 마치 절벽으로 뛰어내리는 듯한 공포를 줍니다. 하지만 기억하십시오. 그 익숙함이 바로 당신을 서서히 죽어가게 만드는 독입니다. 고비용 저효율의 삶은 당신의 가장 비싼 자원인 젊음과 건강을 헐값에 넘기게 만듭니다. 당신은 이제 스스로에게 선언해야 합니다. "나는 더 이상 나의 시간을 단순 노동과 맞바꾸지 않겠다. 나는 더 이상 시스템 없이 맨몸으로 세상과 싸우지 않겠다."

길을 폐쇄하는 구체적인 행동은 '멈춤'에서 시작됩니다. 무작정 달리던 발을 멈추고, 지금 내가 어디로 가고 있는지 지도를 펼쳐야 합니다. 그리고 당신의 일상에서 비생산적인 루틴들을 하나씩 제거해 나가십시오. 의미 없는 술자리, 습관적으로 켜는 TV, 남의 인생을 훔쳐보며 시간을 죽이는 SNS, 그리고 미래를 위한 투자가 아닌 단순 소비를 위한 지출들을 차단하십시오. 이것들은 당신의 인생 경로를 더욱 구불구불하게 만드는 늪지대입니다. 늪을 메우고 길을 닦기 위해서는 먼저 늪으로 들어가는 발걸음을 멈추는 것이 순서입니다. 과거의 나를 죽여야 새로운 내가 태어납니다. 가난했던 어제의 습관을 그대로 안고 부자가 된 내일을 꿈꾸는 것은 망상입니다. 잔인할 정도로 냉정하게, 당신의 과거를 구조조정하십시오.

인생의 직선화 :
부의 목표를 향해 최단 거리로 달리는 마인드셋

구불구불한 길을 폐쇄했다면, 이제 그 위에 새로운 길을 낼 차례입니다. 지능형 자본가가 걷는 길은 직선입니다. 그들은 출발점에서 목표 지점까지 가는 가장 짧고 빠른 경로를 찾습니다. 산이 막고 있으면 돌아가는 것이 아니라 인공지능이라는 터널 굴착기를 동원해 산을 뚫어버립니다. 강이 막고 있으면 헤엄쳐 건너는 것이 아니라 시스템이라는 다리를 놓아 건너갑니다. 이것이 바로 **인생의 직선화**(Linearization of Life)입니다. 복잡한 고민과 감정 소모를 제거하고, 오직 '부의 축적'과 '자유의 획득'이라는 목표를 향해 레이저처럼 직진하는 마인드셋입니다.

직선화의 핵심은 단순함입니다. 스티브 잡스는 "단순함은 복잡함보다 어렵다”고 했습니다. 인생을 직선으로 만든다는 것은 불필요한 것들을 깎아내고 본질만 남기는 고도의 작업입니다. 당신의 목표가 ‘경제적 자유’라면, 그 목표에 기여하지 않는 모든 행위는 사족입니다. “사람들이 나를 어떻게 생각할까?”, “실패하면 망신당하지 않을까?” 같은 감정적인 찌꺼기들을 걷어내십시오. 오직 “이 행동이 내 자산을 늘리는가?”, “이 선택이 내 시간을 아껴주는가?”라는 두 가지 질문만 남기십시오.

인공지능은 당신의 인생을 직선으로 펴주는 가장 강력한 도구입니다. 예전에는 자료를 찾고, 배우고, 만드는 데 수개월이 걸렸던 구불구불한 과정을 인공지능은 단 몇 분으로 압축해 줍니다. 이것은 시간의 차원을 접어버리는 웜홀과 같습니다. 남들이 10년 걸려 도달할 거리를 당신은 1년 만에 주파할 수 있게 된 것입니다. 직선의 도로 위에서는 속도를 내는 것이 두렵지 않습니다. 시야가 탁 트여 있고 장애물이 없기 때문입니다. 당신의 사고방식을 복잡한 회로에서 단순한 직선으로 재배선하십시오. 문제가 생기면 우회하려 하지 말고, 시스템으로 정면 돌파하십시오. 직선으로 달리는 자만이 중력을 뿌리치고 대기권 밖으로 날아오를 수 있습니다.

대공사의 시작 :
인생 전체를 시스템 위에 올리겠다는 강력한 선언

이제 낡은 집을 부수고 그 자리에 마천루를 올리는 대공사를 시작할 시간입니다. 이것은 부분 리모델링이 아닙니다. 당신의 인생이라는 지반 자체를 갈아엎고, 그 위에 인공지능 자동화 시스템이라는 철근과 콘크리트를 심는 재건축 프로젝트입니다. 이 공사의 착공식은 당신의 강력한 선언으로부터 시작됩니다. "나는 오늘부터 나의 노동이 아닌, 나의 시스템이 돈을 벌게 하겠다." 이 선언은 당신의 무의식에 보내는 작업 지시서입니다.

대공사에는 먼지가 날리고 소음이 발생합니다. 주변 사람들은 "왜 멀쩡한 길 놔두고 유난을 떠느냐"며 비아냥거릴 수도 있습니다. 굴착기가 땅을 파헤치는 동안에는 잠시 길이 험해 보일 수도 있습니다. 하지만 설계자는 완성된 조감도를 가슴에 품고 있기에 흔들리지 않습니다. 지금의 불편함은 견고한 기초를 다지기 위한 필수적인 과정임을 알기 때문입니다. 당신은 이제 하루 24시간을 시스템 구축이라는 하나의 목표에 정렬시켜야 합니다. 먹고 자는 시간을 제외한 모든 에너지를 당신의 댐을 짓고, 파이프라인을 연결하고, 인공지능을 훈련시키는 데 쏟아부으십시오.

이 공사가 끝나면, 당신은 더 이상 비포장도로에서 덜컹거리며 달리는 낡은 트럭이 아닐 것입니다. 당신은 매끄럽게 뻗은 아스팔트 위를 미끄러지듯 질주하는 자율주행 슈퍼카가 되어 있을 것입니다. 인생 전체를 시스템 위에 올린다는 것은, 당신의 생존을 운에 맡기지 않겠다는 의지의 표현입니다. 비가 오나 눈이 오나 멈추지 않는 컨베이어 벨트 위에 당신의 경제적 운명을 올려놓으십시오.

과거의 구불구불한 가난을 끊어내는 것은 기술의 문제가 아니라 용기의 문제입니다. 익숙한 불행보다 낯선 행복을 선택할 용기, 남들이 가지 않은 길을 낼 용기, 그리고 나 자신을 완전히 새로운 존재로 재정의할 용기. 그 용기가 당신의 손에 삽을 쥐여줄 것입니다. 이제 지도를 접으십시오. 그리고 눈앞에 펼쳐진 황무지를 바라보십시오. 그곳이 바로 당신의 제국이 들어설 자리입니다. 깃발을 꽂고 공사를 시작하십시오. 우리는 이제 뒤를 돌아보지 않습니다. 오직 앞을 향해 뻗어 나가는 직선의 궤적만이 당신의 새로운 인생 경로가 될 것입니다.

보 건설과 준설 작업 :
나쁜 소비 습관은 걷어내고
부의 기반을 닦아라

우리는 이제 인생의 경로를 재설계하고 가난의 관성을 끊어내겠다는 비장한 결단을 내렸습니다. 하지만 설계도만 있다고 해서 건물이 올라가는 것은 아닙니다. 실제로 공사를 시작하기 전, 가장 먼저 해야 할 일은 강바닥에 쌓인 오물과 퇴적물을 걷어내는 준설 작업과, 공사 현장을 보호하고 물길을 제어할 튼튼한 보를 건설하는 일입니다. 아무리 거대한 댐을 지으려 해도 강바닥이 쓰레기와 펄로 가득 차 있다면 기초를 다질 수 없으며, 외부에서 밀려드는 거센 물결을 막아줄 방벽이 없다면 기껏 쌓아올린 구조물은 하룻밤 사이에 휩쓸려 내려가고 맙니다. 이번 장에서는 당신의 시간을 잡아먹고 에너지를 낭비하게 만드는 불필요한 관계와 습관을 제거하는 인생의 준설 작업, 그리고 외부의 비판이나 유혹으로부터 당신의 시스템을 지켜낼 정신적 방어벽인 심리적 보 세우기에 대해 풀어보겠습니다. 이 과정은 화려해 보이지 않지만, 당신의 머니 플로우 제국이 굳건히 서기 위한 가장 핵심적인 토목 공사입니다.

인생의 준설 작업 :
시간을 잡아먹고 에너지를 낭비하게 만드는 오물 제거

준설(浚渫)이란 하천이나 항만의 바닥에 쌓인 흙이나 모래, 쓰레기 등을 파내는 작업을 말합니다. 우리의 인생도 마찬가지입니다. 우리가 인식하지 못하는 사이에 우리의 일상은 '가난의 퇴적물'로 가득 차 있습니다. 매일 아침 눈을 뜨자마자 의미 없이 스마트폰을 켜고 알고리즘이 떠먹여 주는 짧은 영상들에 뇌를 맡기는 행위, 생산적인 대화 없이 타인의 험담이나 과거의 영광에만 집착하는 관계, 그리고 나의 가치를 높이기보다는 일시적인 도파민을 채우기 위해 지갑을 여는 소비 습관들이 바로 당신의 인생 강바닥에 쌓인 끈적한 펄입니다.

이 오물들은 당신이 상류로 나아가려는 모든 시도를 방해하고, 당신의 소중한 에너지를 바닥으로 끌어내립니다.

가장 먼저 걷어내야 할 퇴적물은 '시간을 갉아먹는 좀벌레 같은 습관'들입니다. 인공지능 시대에 가장 비싼 자원은 정보도, 돈도 아닌 바로 당신의 **집중력**입니다. 하지만 우리는 너무나 쉽게 이 집중력을 무료로 배포하고 있습니다. 침대에 누워 무의식적으로 스크롤을 내리는 그 1시간 동안, 당신의 뇌에서는 시스템 설계를 위한 창의적인 불꽃이 꺼져갑니다. AI 머니 플로우를 구축하기 위해서는 이 오염된 시간을 정화하여 '순수한 집중의 시간'으로 복원해야 합니다. 준설 작업은 고통스럽습니다. 익숙했던 도파민의 즐거움을 끊어내야 하기 때문입니다. 하지만 바닥을 긁어내지 않으면 배는 띄울 수 없습니다. 당신의 하루를 10분 단위로 해부하여, 어디서 에너지가 새고 있는지 데이터로 직시하십시오. 그리고 그 구멍들을 하나씩 메워나가는 것부터가 진정한 설계자의 시작입니다.

두 번째로 제거해야 할 것은 '에너지를 앗아가는 독성 관계'들입니다. 사람은 주변 사람들의 평균치가 된다는 말이 있습니다. 당신이 새로운 시스템을 만들고 상류로 올라가려 할 때, 가장 먼저 발목을 잡는 것은 멀리 있는 적이 아니라 가장 가까운 곳에 있는 '평범함의 수호자'들입니다. 그들은 당신의 도전을 걱정이라는 이름으로 포장하여 깎아내리고, "남들처럼 사는 게 제일 편하다"는 독을 주입합니다. 인생의 준설 작업에는 이런 불필요하고 소모적인 관계를 과감히 정리하는 과정이 포함됩니다. 당신의 꿈을 비웃거나, 당신의 시간을 존중하지 않거나, 오직 부정적인 에너지만을 쏟아내는 사람들과의 연결 고리를 끊어내십시오. 강물이 맑아지려면 오염원을 차단해야 합니다. 당신의 곁에는 당신의 시스템을 이해하고 지지해 줄 소수의 설계자만이 필요합니다.

심리적 보 세우기 :
외부의 비판과 유혹에 흔들리지 않는 정신적 방어벽

준설 작업으로 바닥을 깨끗하게 닦았다면, 이제 그 자리에 튼튼한 **심리적 보(洑)**를 세워야 합니다. 보는 물의 흐름을 조절하고 수위를 일정하게 유지하는 역할을 합니다. 우리 인생에서 심리적 보란, 외부에서 밀려드는 거센 비판의 파도나 안락함이라는 이름의 유혹이 공사 현장을 덮치지 못하도록 막아주는 정신적 방어벽입니다. 시스템을 구축하는 초기 단계는 매우 취약합니다. 아직 수익은 나지 않고, 노동의 강도는 높으며, 주변의 시선은 싸늘합니다. 이때 튼튼한 심리적 보가 없다면 당신은 금세 "이게 정말 될까?"라는 의심에 휩싸여 모든 것을 포기하게 됩니다.

외부의 비판은 마치 강한 수압과 같습니다. 당신이 보지 못했던 빈틈을 찌르고 들어와 당신의 의지를 무너뜨리려 합니다. 이때 필요한 방어 기제는 **'데이터에 기반한 확신'**입니다. 사람들이 "그게 돈이 되겠어?"라고 물을 때, 당신은 감정적으로 대응할 필요가 없습니다. 인공지능이 분석한 시장의 수치, 당신이 설계한 알고리즘의 논리, 그리고 이미 상류에 도달한 자들의 발자취를 보로 삼아 그 비판을 튕겨내십시오. 설계자는 자신의 귀를 닫는 것이 아니라, 오직 가치 있는 정보만을 걸러서 듣는 필터를 가집니다. 비판하는 자들 중 실제로 무언가를 만들어본 사람이 몇 명이나 되는지 따져보십시오. 아무것도 짓지 않은 자의 비판은 흐르는 흙탕물과 같아서 금세 지나가 버릴 뿐입니다.

내면에서 올라오는 유혹 또한 무서운 적입니다. "오늘은 피곤하니까 내일 하자", "이 정도면 충분하지 않을까?"라는 속삭임은 댐의 안쪽에서 발생하는 누수와 같습니다. 이를 막기 위해 당신은 스스로에게 엄격한 **'시스템적 가이드라인'**을 부여해야 합니다. 기분에 따라 일하는 것이 아니라, 당신이 정한 시간표와 로직에 따라 기계적으로 움직이는 훈련이 필요합니다. 인공지능은 감정 없이 일합니다. 당신 또한 시스템을 구축하는 동안만큼은 인공지능처럼 차갑고 정교하게 움직여야 합니다. 심리적 보가 단단하게 세워진 사람은 주변이 아무리 소란스러워도 자신의 공사 현장에만 몰입할 수 있습니다. 그 정적의 시간 속에서 당신의 제국은 비로소 뼈대를 갖추게 됩니다.

초기 자산의 확보 :
시스템 가동을 위한 최소한의 종잣돈과 집중 공사 기간

모든 대공사에는 초기 투입 자본이 필요합니다. AI 머니 플로우 역시 물리적인 자본보다는 '시간적 자본'과 '인지적 자본'이 절실히 요구됩니다. 하지만 많은 이들이 이 초기 자산을 확보하지 못한 채 공사를 시작하려다 금세 연료 부족으로 멈춰 서곤 합니다. 당신은 이제 시스템이 스스로 굴러가기 시작하는 임계점까지 버틸 수 있는 최소한의 **종잣돈**과 **집중 공사 기간**을 확보해야 합니다. 이는 단순히 돈을 아끼는 차원을 넘어, 인생의 모든 자원을 한곳으로 모으는 전략적 집중입니다.

초기 자산을 확보하기 위해 당신은 '불필요한 지출의 준설(浚渫)'을 단행해야 합니다. 우리가 쓰는 돈 중에는 타인에게

과시하기 위함이거나, 공허한 마음을 달래기 위한 휘발성 지출이 너무나 많습니다. 그 돈들을 모아 당신의 시스템을 가동할 인공지능 유료 툴의 구독료로 전환하고, 더 빠르고 강력한 하드웨어를 갖추는 데 투자하십시오. 또한, 가장 중요한 자산인 '**시간**'을 확보하기 위해 생활을 단순화하십시오. 요리하는 시간, 청소하는 시간, 이동하는 시간 등 자동화하거나 위임할 수 있는 모든 영역에서 시간을 벌어와야 합니다. 6개월에서 1년 정도를 인생의 '비상계엄 기간'으로 선포하고, 오직 시스템 구축에만 모든 자원을 투여하는 집약적인 공사가 필요합니다.

이 집중 공사 기간 동안 당신은 사회적 활동을 최소화하고 고독한 설계자의 자발적 감옥으로 들어가야 합니다. 가성비를 계산하십시오. 오늘 친구와 술을 마시며 5만 원을 쓰고 5시간을 보내는 것과, 그 시간과 비용으로 인공지능 봇 10대를 세팅하는 것 중 무엇이 당신의 10년 뒤를 바꿀 것인지 답은 명확합니다. 초기 자산은 단순히 통장의 숫자가 아니라, 당신이 시스템에 쏟아부을 수 있는 순수한 에너지의 총량입니다. 이 에너지가 충분히 응집되어야만 댐의 터빈을 돌릴 수 있는 최소한의 수압을 만들 수 있습니다. 지금의 희생은 손실이 아니라, 미래의 무한한 자유를 사기 위한 가장 저렴한 비용임을 명심하십시오.

기초 기반 다지기 :
AI 툴 활용 능력을 넘어선 비즈니스 기획력 단련

바닥을 닦고 보를 세웠다면, 이제 건물의 기초가 될 지지대를 박아야 합니다. 인공지능 시대에 많은 이들이 저지르는 실수는 화려한 인공지능 툴의 사용법을 익히는 것이 기초라고 믿는 것입니다. 하지만 툴 사용법은 시간이 지나면 누구나 익히게 될 표면적인 기술에 불과합니다. 진정한 기초 체력이자 댐의 지지대는 바로 '**비즈니스 기획력**'과 '**문제 해결 능력**'입니다. 인공지능은 당신이 내린 명령을 수행하는 강력한 중장비일 뿐이며, 어디를 얼마나 깊게 팔지 결정하는 것은 당신의 뇌가 가진 논리적인 힘입니다.

기획력이란 시장의 결핍을 포착하고 그것을 가치 있는 상품이나 콘텐츠로 치환하는 연금술입니다. 인공지능 툴을 100개 알더라도, 무엇을 만들어야 사람들의 지갑이 열리는지 모른다면 당신은 그저 도구 상자를 들고 다니는 일용직 노동자와 다를 바 없습니다. 당신은 이제 인공지능에게 물어보기 전에 스스로 생각하는 훈련을 해야 합니다. "지금 사람들은 어떤 불편함을 느끼고 있는가?", "내가 가진 데이터와 AI의 힘을 결합하면 이 문제를 어떻게 가장 우아하게 해결할 수 있는가?" 이 질문들에 대한 답을 내놓는 능력이 바로 당신 인생의 기초 기반입니다. 이 기반이 부실하면 아무리 고성능 인공지능 엔진을 달아도 시스템은 금세 무너집니다.

기초 체력을 기르기 위해 당신은 인공지능과 대화하며 '논리적 사고의 근육'을 단련해야 합니다. 인공지능이 내놓은 결과물을 그대로 받아쓰지 말고, 그것이 왜 최선의 결과물인지 비판적으로 분석하십시오. 인공지능을 당신의 비서가 아니라, 당신의 사고를 확장해주는 파트너로 대하며 끊임없이 반문하고 가설을 세워 검증하십시오. 비즈니스 설계도는 툴 안에 있는 것이 아니라 당신의 통찰력 속에 있습니다. 이 기초 기반 공사가 튼튼하게 마무리될 때, 당신의 머니 플로우 제국은 그 어떤 경제적 격변에도 흔들리지 않는 영구적인 안정을 얻게 될 것입니다. 당신은 이제 단순한 사용자가 아닙니다. 당신은 지능을 배치하고 가치를 창조하는 위대한 아키텍트입니다.

우리는 이번 장을 통해 인생의 강바닥을 정화하는 준설 작업과, 외부의 방해로부터 우리를 지켜줄 보 건설, 그리고 초기 자산과 기초 체력을 다지는 과정을 마쳤습니다. 이제 당신의 인생이라는 공사 현장은 오물과 쓰레기가 사라진 깨끗한 상태이며, 거대한 댐을 올리기 위한 단단한 암반이 드러나 있습니다. 마음은 평온하고 시야는 선명합니다. 당신을 옥죄던 가난의 습관들은 준설되어 사라졌고, 주변의 소음은 튼튼한 심리적 보에 막혀 더 이상 당신을 흔들지 못합니다.

준비는 끝났습니다. 이제 정말로 벽돌을 쌓고 파이프라인을 연결할 시간입니다. 기초 공사가 완벽하다면 그 위에 올리는 건물은 그 어떤 태풍이 와도 무너지지 않습니다. 당신이 흘린 준설의 땀방울과 보를 쌓기 위해 견뎌낸 고독의 시간들이 이제 찬란한 수익의 물줄기로 보상받을 것입니다. 설계자여, 이제 고개를 들고 당신의 영토를 바라보십시오. 당신의 손에는 이미 인공지능이라는 전능한 도구가 쥐어져 있고, 당신의 가슴에는 흔들리지 않는 설계도가 새겨져 있습니다.

우리는 이제 인생의 토목 공사를 마치고, 구체적으로 어떤 인공지능 툴을 선택하고 배치하여 당신의 첫 번째 수익 공정을 자동화할 것인지 실전의 영역으로 나아갈 것입니다. 당신의 제국은 이제 막 첫 번째 주춧돌을 놓았습니다. 상류의 찬란한 태양이 당신의 현장을 비추고 있습니다. 이제 당신의 지능을 마음껏 펼치십시오. 당신의 미래는 이미 당신이 닦아놓

은 단단한 기초 위에서 가장 화려하게 피어날 준비를 마쳤습
니다.

지류에서 본류로 : 사소한 부업을 거대 비즈니스로 연결하는 운하 건설

우리는 지금까지 인생의 강바닥을 청소하고, 심리적인 방어벽을 세우며, 나만의 무인 수익 공장을 가동할 준비를 마쳤습니다. 아마 당신은 이미 몇 가지 인공지능 도구를 활용해 작은 수익을 만들어내고 있거나, 적어도 콘텐츠를 생산하는 근육을 키워가고 있을 것입니다. 하지만 여기서 많은 이들이 범하는 치명적인 실수가 있습니다. 바로 여기저기 흩어진 작은 부업들을 각각 독립된 섬처럼 방치하는 것입니다. 설문조사로 번 몇백 원, 블로그 포스팅으로 얻은 몇천 원, 혹은 가끔 터

지는 조회수로 받은 몇만 원의 수익은 그 자체로는 아주 가냘
픈 지류에 불과합니다. 지류는 가뭄이 오면 가장 먼저 마르고,
장애물 하나만 있어도 흐름이 막힙니다. 지능형 자본가는 이
사소한 물줄기들을 하나로 묶어 거대한 강줄기인 본류로 합
치는 **운하 건설**에 착수합니다. 이번 장에서는 파편화된 수익
을 브랜드라는 이름으로 통합하고, 각 채널이 유기적으로 트
래픽을 주고받는 구조를 설계하여, 기하급수적인 수익의 가
속도를 경험하는 비결에 대해 알려드리겠습니다.

파편화된 수익의 통합 :
흩어진 소액 부업들을 하나의 강력한 퍼스널 브랜드로 묶기

당신이 현재 하고 있는 일들을 리스트업해 보십시오. AI로
블로그 글을 쓰고 있나요? 혹은 유튜브 쇼츠를 만들거나 스
톡 이미지를 업로드하고 있나요? 만약 이 일들이 서로 아무런
상관관계 없이 각기 다른 주제로 흩어져 있다면, 당신은 지금
여러 개의 삽을 들고 여기저기 구덩이만 파고 있는 셈입니다.
구덩이는 깊어지지 않고 당신의 에너지만 분산됩니다. 설계
자의 첫 번째 운하 건설 작업은 이 파편화된 활동들을 하나의
핵심 키워드, 즉 **퍼스널 브랜드**라는 큰 그릇에 담아내는 것입
니다.

여기서 퍼스널 브랜드란 반드시 당신의 얼굴을 드러내거나 유명인이 되라는 뜻이 아닙니다. 당신의 시스템이 지향하는 '**가치의 일관성**'을 의미합니다. 예를 들어, 당신이 'AI를 활용한 자기계발'이라는 테마를 잡았다면, 당신의 블로그는 그에 대한 깊이 있는 칼럼을 다루고, 유튜브는 그 과정을 시각적으로 보여주며, SNS는 짧고 강렬한 팁을 공유해야 합니다. 이렇게 주제가 하나로 수렴될 때, 각각의 지류에서 발생하던 소소한 수익들은 '권위'라는 이름의 본류로 합쳐지기 시작합니다. 사람들은 이제 당신의 글 하나를 소비하는 것이 아니라, 당신이 구축한 '정보의 제국' 전체를 신뢰하게 됩니다.

파편화된 수익을 통합하면 마케팅 비용이 극적으로 줄어듭니다. 블로그에서 당신을 알게 된 독자는 이미 당신의 유튜브를 볼 준비가 되어 있고, 유튜브 시청자는 당신의 유료 전자책을 구매할 확률이 비약적으로 높아집니다. 인공지능은 이 통합 과정을 가속화하는 비서입니다. 당신의 브랜드 정체성을 인공지능에게 학습시키십시오. "나는 앞으로 '경제적 자유를 꿈꾸는 30대를 위한 AI 가이드'라는 톤앤매너로 모든 콘텐츠를 생산할 거야"라고 명령하는 순간, 인공지능은 당신이 만드는 모든 지류에 통일된 혈액을 공급합니다. 흩어지면 휘발되는 소액 부업의 시대를 끝내고, 모이면 권력이 되는 브랜드의 시대를 여십시오.

부의 운하 연결하기 : 각기 다른 채널이
유기적으로 트래픽을 주고받는 순환 구조

운하의 진정한 가치는 연결에 있습니다. 대서양과 태평양을 잇는 파나마 운하가 물류의 혁명을 가져왔듯, 당신의 유튜브, 블로그, SNS를 잇는 **디지털 운하**는 트래픽의 혁명을 가져옵니다. 하류의 노동자는 플랫폼의 알고리즘이 비를 내려주기만을 기다리지만, 상류의 설계자는 한 번 유입된 트래픽이 자신의 생태계 안에서 영원히 순환하도록 수로를 설계합니다.

이 연결의 핵심은 '**트래픽 셔틀**' 구조를 만드는 것입니다. 유튜브 영상의 고정 댓글에는 블로그의 심화 학습 링크를 걸고, 블로그 본문에는 관련 유튜브 영상을 삽입하십시오. 인스타그램 릴스에서는 핵심 요약만 보여준 뒤 "더 자세한 내용은 프로필 링크의 블로그를 확인하세요"라고 유도해야 합니다. 이렇게 수로를 정교하게 닦아놓으면, 하나의 플랫폼에서 터진 트래픽이 운하를 타고 당신의 모든 채널로 골고루 퍼져나갑니다. 이것이 바로 인공지능이 24시간 내내 당신 대신 수행할 트래픽 관리 작업입니다.

인공지능 자동화 도구(예: Make, Zapier)를 활용해 이 수로에 펌프를 설치하십시오. 블로그에 글이 올라가면 인공지능이 자동으로 이를 요약해 SNS에 배포하고, 유튜브에 새 영상이 뜨면 뉴스레터 구독자들에게 알림 메일을 보내도록 세팅하는 것입니다. 당신은 물길을 한 번만 터주면 됩니다. 나머지는 인공지능이 수문을 조절하며 트래픽이라는 물이 고이지 않고 계속 흐르게 만듭니다. 채널들이 서로를 밀어주고 끌어주는 이 유기적인 순환 구조가 완성될 때, 당신의 머니 플로우는 플랫폼의 변덕스러운 정책 변화에도 흔들리지 않는 견고한 자생력을 갖게 됩니다. 운하는 끊기지 않아야 비로소 제 기능을 발휘합니다.

시너지의 발생 : 지류들이 합쳐져 본류가 될 때 발생하는 기하급수적인 수익의 가속도

물리학에서 유량이 합쳐지면 속도와 압력은 단순히 더해지는 것이 아니라 제곱으로 강력해집니다. 당신의 부업들이 본류로 합쳐지는 순간, 당신은 지금까지 경험해보지 못한 **수익의 가속도**를 목격하게 될 것입니다. 소소한 지류일 때는 매달 수입이 들쭉날쭉하고 불안정했지만, 본류가 형성되면 거대한 관성이 생깁니다. 이 관성은 당신이 잠시 일을 쉬거나 시스템에 문제가 생겨도 수익의 흐름을 일정하게 유지해주는 든든한 버팀목이 됩니다.

시너지는 데이터의 통합에서도 발생합니다. 각 채널에서 수집된 고객 데이터들이 하나의 거대한 데이터베이스(DB)로 모이게 하십시오. 인공지능은 이 통합 데이터를 분석하여 당신조차 몰랐던 고객들의 숨겨진 욕망을 찾아냅니다. "유튜브 시청자들은 이 키워드에 반응하고, 블로그 독자들은 이 가격대에 결제한다"는 정밀한 통찰력은 당신에게 고단가 상품을 기획할 수 있는 용기를 줍니다. 지류에서는 만 원짜리 물건을 팔기도 힘들었지만, 본류의 권위를 입은 당신은 이제 수십만 원, 수백만 원짜리 가치를 제안해도 시장이 기꺼이 응답하는 기적을 경험하게 됩니다.

가속도가 붙은 본류는 주변의 모든 기회를 빨아들이는 블랙홀이 됩니다. 기업들의 협찬 제안, 강연 요청, 협업 제의 등이 당신이 찾아다니지 않아도 스스로 당신의 운하를 타고 몰려옵니다. 당신의 시스템이 생산해내는 에너지가 이미 시장의 임계점을 넘었기 때문입니다. 이때 설계자가 해야 할 유일한 일은 수압이 너무 세져서 댐이 터지지 않도록 여유롭게 수문을 조절하는 것뿐입니다. 성실함이 수익을 만드는 것이 아니라, 합쳐진 물줄기의 압력이 수익을 밀어올리는 것입니다.

이 가속도의 쾌감을 한 번이라도 맛본 사람은 결코 다시는 파편화된 노동의 세계로 돌아가지 못합니다.

확장 공사 : 작은 성공의 경험을 다른 분야로 이식하여 부의 영토를 넓히는 법

하나의 본류를 성공적으로 건설했다면, 당신은 이제 '돈을 버는 기술'이 아니라 **'운하를 설계하는 법'**을 터득한 마스터가 된 것입니다. 이제 마지막 단계는 이 성공의 방정식을 다른 분야로 무한히 복제하여 부의 영토를 넓히는 **확장 공사**입니다. 첫 번째 운하를 만드는 데는 1년이 걸렸을지 모르지만, 두 번째, 세 번째 운하를 건설하는 데는 채 한 달도 걸리지 않을 것입니다. 당신에게는 이미 검증된 설계도와 숙련된 인공지능 군단이 있기 때문입니다.

확장 공사의 핵심은 '도메인(Domain)의 이동'입니다. 'AI 자기계발'에서 얻은 시스템 구축 노하우를 '반려동물 케어'나 '해외 구매대행' 등 전혀 다른 시장에 이식해 보십시오. 주제는 바뀌어도 트래픽을 모으고, 콘텐츠를 생성하고, 수익화 경로를 연결하는 논리 구조는 동일합니다. 인공지능에게 새로운 시장의 데이터를 주입하고 "기존의 성공 모델을 이 시장에 맞게 리모델링하라"고 명령하십시오. 당신은 이미 완성된 붕어빵 틀을 가지고 시장이라는 밀가루 반죽 위에 찍어내기만 하면 됩니다.

영토의 확장은 당신의 리스크를 분산시키는 보험이기도 합니다. 여러 개의 본류를 소유한 설계자는 세상 그 어떤 경제 위기 앞에서도 당당합니다. 한쪽 운하에 가뭄이 들면 다른 쪽 운하에서 전기를 생산하면 그만입니다. 당신의 지능은 이제 하나의 시스템에 머물지 않고 전 세계 디지털 영토로 뻗어 나가는 거대한 네트워크가 됩니다. 확장 공사가 반복될수록 당신이 직접 관리해야 할 영역은 줄어들고, 인공지능이 스스로 영토를 관리하는 자율주행의 영역은 넓어집니다. 당신은 이제 단순한 사업가가 아니라, 부의 지형을 바꾸는 위대한 운하 설계자로서 역사의 한 페이지를 장식하게 될 것입니다.

우리는 이번 장을 통해 사소한 물줄기들을 모아 거대한 본류를 만들고, 이를 무한히 확장하는 운하 건설의 전 과정을 살펴봤습니다. 당신의 통장으로 들어오던 가냘픈 물소리가 이제는 거대한 폭포수와 같은 웅장한 진동으로 변해있을 것입니다. 지류에서 허우적대며 물 한 모금에 목말라하던 과거의 당신은 이제 없습니다. 당신은 수천만 톤의 물을 다스리고, 그 힘으로 온 세상에 빛을 공급하는 발전소의 소유주입니다.

운하는 스스로 흐르지 않습니다. 설계자의 의지와 인공지능의 정교한 시공이 만날 때 비로소 물길은 열립니다. 당신이 오늘 닦아놓은 이 수로가 당신의 자녀에게, 그리고 그 다음 세대에게까지 마르지 않는 생명수를 공급할 것입니다. 흩어진 수익들을 아까워하지 말고 과감히 하나의 물길로 몰아넣으십시오. 집중된 에너지는 결코 당신을 배신하지 않습니다. 당신의 제국은 이제 막 첫 번째 주운을 시작했습니다.

우리는 이제 인생의 토목 공사를 완벽하게 마쳤습니다. 다음 장에서는 이 거대한 본류 위에서 당신이 누리게 될 진정한 삶의 질, 즉 '시간의 주권'을 어떻게 행사하며 살아갈 것인지에 대한 마스터의 일상을 다뤄보겠습니다. 당신의 운하는 이제 바다와 맞닿아 있습니다. 거침없이 나아가십시오. 상류의 찬란한 태양이 당신의 앞길을 축복하고 있습니다.

인생을 관통하는 부의 대수로 :
끊기지 않는 현금 흐름의 완성

우리는 이제 이 책의 대단원을 장식할 가장 장엄한 풍경 앞에 서 있습니다. 낱개의 벽돌을 쌓아 댐을 만들고, 흩어진 지류를 모아 본류를 형성했던 고단한 공사 현장의 먼지는 이제 가라앉았습니다. 당신의 눈앞에는 이제 당신의 유년기와 청년기, 그리고 노년기라는 인생의 전 구간을 가로지르며 도도하게 흐르는 **부의 대수로**가 펼쳐져 있습니다. 이 대수로는 단순한 파이프라인의 집합이 아닙니다. 그것은 당신의 인생이라는 대지에 영구적으로 각인된 부의 유전점이자, 그 어떤 외부의 충격에도 마르지 않고 스스로를 정화하며 흐르는 완벽한 현금 흐름의 생태계입니다. 이번 장에서는 경기 불황이라는 가뭄에도 끄떡없는 상시 흐름 체계를 완성하고, 당신의 물리적 존재와 상관없이 24시간 부를 생산하며, 안정성과 속도의 황금 밸런스를 통해 인생의 자율주행 모드를 확정 짓는 최종 단계에 대해 말씀드리겠습니다. 당신은 이제 생존을 위한 경주를 멈추고, 대수로의 언덕 위에서 당신이 창조한 풍요의 물결을 우아하게 감상할 자격을 얻었습니다.

상시 흐름 체계 구축 :
가뭄(경기 불황)에도 마르지 않는 전천후 수익 구조의 완성

우리가 사는 자본주의의 바다는 언제나 평화롭지 않습니다. 때로는 기록적인 폭염과 같은 경기 불황이 찾아와 모든 지류를 말려버리고, 때로는 예상치 못한 정책의 변화가 물길을 막아버리기도 합니다. 하류의 노동자들이 불황의 소식에 가장 먼저 절망하는 이유는 그들의 수익 구조가 외부 기후(시장 환경)에 100% 노출된 천수답과 같기 때문입니다. 하지만 지능형 자본가가 구축한 대수로는 다릅니다. 우리는 인공지능이라는 첨단 공법을 동원하여, 비가 오지 않아도 지하 깊은 곳에서 물을 끌어올리고 바닷물을 정화하여 다시 공급하는 **전천**

후 상시 흐름 체계를 완성했습니다.

이 체계의 핵심은 **수익원의 비상관성**에 있습니다. 당신의 대수로에는 주식 시장의 흐름을 타는 물줄기, 유튜브 광고 수익이라는 플랫폼의 물줄기, 그리고 전 세계 디자이너들이 구매하는 스톡 이미지라는 실물 자산의 물줄기가 유기적으로 섞여 흐릅니다. 인공지능은 실시간으로 경제 지표를 분석하며, 한쪽 물줄기가 마를 기미가 보이면 즉시 다른 쪽 물줄기의 수문을 넓혀 전체 유량을 일정하게 유지합니다. 불황이 오면 사람들은 유료 강의보다는 무료 정보에 몰리고, 저가형 상품보다는 가성비 높은 자동화 툴에 집중합니다. 인공지능은 이 미묘한 심리의 변화를 포착하여 당신의 콘텐츠와 상품 라인업을 단 하룻밤 사이에 불황 맞춤형으로 리모델링합니다.

전천후 수익 구조는 또한 '데이터의 다각화'를 통해 완성됩니다. 특정 국가의 경제가 흔들린다면 인공지능은 즉시 당신의 콘텐츠를 성장하는 제3세계의 언어로 번역하여 새로운 시장의 물길을 터줍니다. 달러, 유로, 엔화 등 다양한 통화로 수익을 거두어들이는 글로벌 대수로는 특정 화폐 가치의 폭락이라는 가뭄으로부터 당신의 자산을 철저히 방어합니다. 이제 당신에게 불황은 공포의 대상이 아니라, 경쟁자들이 떨어져 나갈 때 당신의 점유율을 높일 수 있는 기회의 계절이 됩니다. 상시 흐름 체계가 완성된 대수로 위에서, 당신의 경제적 영토는 사계절 내내 푸른 빛을 잃지 않을 것입니다.

24/7 부의 가동 : 내가 무엇을 하든, 어디에 있든 내 인생을 관통하며 흐르는 돈의 물결

진정한 부의 대수로는 설계자의 부재를 먹고 자랍니다. 하류의 삶이 고달픈 이유는 '내가 그 자리에 있어야만' 돈이 들어오기 때문입니다. 당신이 멈추면 입금도 멈추는 구조, 그것은 부의 흐름이 아니라 노동의 대가일 뿐입니다. 하지만 이제 당신의 대수로는 당신의 물리적 육체와 시간으로부터 완벽하게 독립했습니다. 당신이 깊은 잠에 든 새벽에도, 사랑하는 사람과 낯선 나라의 숲길을 걷는 순간에도, 혹은 아무런 의욕 없이 침대에 누워 천장을 바라보는 무기력한 오후에도 인공지능 엔진은 단 1초의 휴식 없이 수문을 조절하고 터빈을 돌립니다.

이것은 단순히 '자동화'라는 단어로 설명하기 부족한, **인생의 주권 회복**에 관한 이야기입니다. 대수로가 당신의 인생을 관통하기 시작하면, 돈을 버는 행위는 더 이상 별도의 '일정'이 아닙니다. 그것은 심장이 뛰고 폐가 숨을 쉬는 것처럼, 당신의 삶 이면에서 조용히 작동하는 배경 프로세스가 됩니다.

당신이 유튜브에 올린 영상은 인공지능 알고리즘의 파도를 타고 지구 반대편의 시청자에게 도달하고, 그가 클릭한 광고 수익은 실시간으로 당신의 계좌에 쌓입니다. 당신의 자동화 블로그는 검색 엔진의 신뢰를 먹으며 매 순간 트래픽을 현금으로 치환하고 있습니다.

24/7 가동되는 대수로는 당신에게 '거절할 수 있는 자유'를 선사합니다. 하기 싫은 일을 돈 때문에 수락해야 했던 비굴한 과거는 이제 대수로의 물결에 씻겨 내려갔습니다. 당신이 무엇을 하든 대수로는 멈추지 않기에, 당신은 오직 당신의 영혼이 떨리는 일, 당신의 가슴을 뛰게 하는 창조적인 활동에만 당신의 귀한 에너지를 투여할 수 있게 됩니다. 부의 흐름이 당신의 인생을 관통한다는 것은, 경제적 결핍이라는 소음이 사라진 자리에 당신만의 고유한 인생의 멜로디를 채울 수 있게 되었음을 의미합니다. 당신은 이제 당신 인생이라는 영화의 주연 배우이자, 그 영화를 제작하는 극장주로서 완벽한 평온을 누리게 됩니다.

안정성과 속도의 조화 : 시스템의 견고함과 수익의 폭발력을 동시에 잡는 최적의 밸런스

초고속 자기부상열차를 운행할 때 가장 정밀함을 요하는

공정은 **'추진력'**과 **'부양력'의 완벽한 조화**를 설계하는 일입니다. 엔진의 힘이 제어 범위를 벗어나 너무 빠르기만 하면 열차는 궤도를 이탈해 파멸적인 사고를 맞이하고(과도한 리스크), 반대로 선로가 열차를 띄워주는 힘이 부족해 마찰을 극복하지 못하면 열차는 멈춰 서고 맙니다(수익성 저하). 지능형 자본가는 인공지능의 정밀한 연산 능력을 관제탑 삼아, 시스템의 견고함과 수익의 폭발력이 만나는 최적의 균형점, 즉 부의 **'골디락스 궤도'**를 찾아냅니다.

시스템의 **안정성**을 확보하기 위해서는 선로 자체를 '자산화된 데이터'라는 강력한 자기장으로 구축해야 합니다. 인공지능이 생성한 수만 개의 고품질 콘텐츠, 공고한 고정 팬덤, 그리고 정교하게 자동화된 이메일 리스트는 어떤 외부 충격에도 열차를 안정적으로 띄워 유지시키는 든든한 궤도가 됩니다. 반면, **성장의 속도**를 위해서는 최신 기술의 에너지를 즉각 추진력으로 전환하는 '가변형 엔진'을 장착해야 합니다. 최신 AI 모델이 발표되는 순간, 당신의 시스템은 즉시 그 엔진을 탑재하여 생산성을 10배로 가속하며 공기 저항을 뚫고 나갑니다.

이 비행의 가치는 **추진력**(수익 속도)과 **자기력**(자산의 견고함)이 서로 시너지를 일으킬 때 극대화되며, 이를 가로막는 공기

저항(운영 리스크)을 얼마나 **효율적으로 억제하느냐**에 달려 있습니다. 인공지능 관제 시스템은 매 순간 이 모든 변수를 실시간으로 감시하며 최적의 운행 상태를 유지합니다. 추진력이 너무 강해 기체가 과열될 조짐이 보이면 즉시 포트폴리오를 다각화해 리스크를 분산시키고, 비행이 너무 보수적으로 흐르면 새로운 시장이라는 직선 구간으로 핸들을 꺾어 다시 속도를 끌어올립니다.

이제 당신은 속도에 조급해할 필요도, 추락에 불안해할 필요도 없습니다. 당신의 비즈니스는 이미 과학적으로 설계된 가장 안전하고 빠른 자기부상 궤도 위를 날고 있기 때문입니다. 이 견고한 궤도와 폭발적인 추진력의 조화는 당신의 부를 단순한 '돈뭉치'에서 누구도 범접할 수 없는 '**위대한 운송 제국**'으로 격상시켜 줄 것입니다.

인생의 자율주행 모드 전환 :
더 이상 생계를 위해 뛰지 않아도 되는 경제적 해방의 실현

이제 드디어 마지막 레버를 당길 시간입니다. 당신의 대수로가 완성되었고, 수량은 풍부하며, 흐름은 안정적입니다. 이제 당신은 당신의 인생 전체를 **자율주행 모드**로 전환합니다. 이것은 단순히 은퇴를 의미하는 것이 아닙니다. 그것은 생존을 위한 모든 의무적인 노동으로부터의 완전한 해방, 즉 **'선택 적 노동'**의 시대로 진입했음을 선포하는 의식입니다. 당신은 이제 돈을 벌기 위해 뛰지 않습니다. 돈이 당신을 위해 뛰고 있기 때문입니다.

자율주행 모드로 전환된 인생에서 당신의 아침은 질문부터 달라집니다. "오늘 무엇을 해야 돈을 벌 수 있을까?"라는 생존 의 질문은 사라지고, "오늘 나는 어떤 가치를 창조하고 싶은 가?", "오늘 나는 누구와 이 풍요를 나누고 싶은가?"라는 존재 론적 질문이 그 자리를 채웁니다. 인공지능 대수로는 당신에 게 '시간의 주권'이라는 신의 선물을 돌려주었습니다. 당신은 이제 아이의 커가는 모습을 온전히 지켜볼 수 있고, 평생 꿈꿔 왔던 악기를 배울 수 있으며, 누군가의 삶을 돕는 이타적인 프 로젝트에 당신의 시능을 기부할 수도 있습니다.

경제적 해방의 실현은 당신의 뇌 구조 자체를 바꿉니다. 결 핍의 공포가 사라진 뇌는 가장 창의적이고 대담한 아이디어 를 내놓기 시작합니다. 역설적으로 당신이 돈에 집착하지 않 을 때, 당신의 대수로는 더 맑고 풍성한 물을 실어 나릅니다. 당신은 이제 부의 상류에서 세상을 내려다보며, 당신이 구축 한 이 경이로운 시스템이 타인에게도 영감이 되고 빛이 되는 과정을 지켜보게 될 것입니다. 당신의 인생은 이제 구불구불한 가난의 산길을 지나, 끝없이 펼쳐진 수평선을 향해 직선으로 뻗은 부의 대수로를 따라 우아하게 항해합니다. 당신은 승리했습니다. 당신은 스스로의 지능과 인공지능의 힘으로, 가문의 운명을 바꾸고 당신 인생의 진정한 마스터가 되었습니다.

5.4장을 마무리하며 당신에게 전하고 싶은 마지막 진실은, 이 대수로의 끝이 결코 닫힌 공간이 아니라는 사실입니다. 당신이 정교하게 닦아놓은 이 물길은 결국 거대한 가능성의 바다와 맞닿아 있습니다. 부의 완성은 끝이 아니라, 당신이 꿈꾸는 모든 것을 현실로 만들 수 있는 진정한 시작점입니다. 대수로를 통해 유입되는 현금 흐름은 당신의 꿈이라는 배를 띄우는 든든한 부력이 될 것입니다.

당신은 이제 멈추지 않는 현금 흐름의 주인이자, 시간의 지배자이며, 인공지능 제국의 사령관입니다. 과거의 당신이 가졌던 모든 불안과 결핍은 이제 대수로의 거센 물결에 씻겨 내려가 흔적도 없이 사라졌습니다. 당신의 눈앞에는 오직 찬란한 상류의 태양과, 당신이 일군 비옥한 영토만이 펼쳐져 있습니다. 현재, 인류 역사상 가장 위대한 기회의 시대에 당신은 스스로의 손으로 부의 신화를 완성했습니다.

이제 이 책의 모든 본문을 마칩니다. 하지만 당신의 항해는 이제 막 진정한 속도를 내기 시작했습니다. 당신이 닦아놓은 이 대수로가 세대를 거쳐 흐르며 당신의 이름을 기리고, 당신의 가문에 영원한 풍요를 선사하기를 진심으로 기원합니다. 상류의 시원한 바람을 맞으며, 당신의 자율주행 인생을 마음껏 만끽하십시오. 당신은 그럴 자격이 충분합니다.

공사 완료 보고서 : 이제
당신의 인생에는 부의 물결만 흐른다

길고도 험난했던 대공사가 드디어 막을 내렸습니다. 처음 이 책의 첫 페이지를 넘기며 막연한 기대를 품었던 당신의 마음속에는 이제 설계도 한 장이 아니라, 실제로 가동되고 있는 거대한 부의 제국이 우뚝 서 있을 것입니다. 삽을 들고 흙을 파내던 고단한 시간, 인공지능이라는 생소한 엔진을 조립하며 밤을 지새웠던 열정, 그리고 주변의 회의적인 시선을 견뎌내며 심리적인 보를 쌓아 올렸던 그 인내의 순간들이 모여

이제는 누구도 부정할 수 없는 **공사 완료 보고서**를 작성할 때
가 되었습니다. 당신의 인생이라는 대지 위에 세워진 이 대수
로는 이제 당신의 의지와 상관없이 스스로 물길을 열고, 터빈
을 돌리며, 찬란한 풍요의 전기를 생산해내고 있습니다. 이번
장은 설계자로서 당신이 받는 마지막 업무 보고이자, 부의 상
류에 안착한 당신이 누리게 될 새로운 삶의 규범, 그리고 다음
세대를 향한 원대한 비전에 대한 이야기입니다. 이제 당신의
인생에는 더 이상 가난의 소음이 들리지 않습니다. 오직 규칙
적이고 우아한 부의 물결 소리만이 당신의 일상을 채우게 될
것입니다.

대공사 이후의 삶 :
돈의 공포에서 벗어난 인간이 누릴 수 있는 진정한 창의적 삶

인류의 역사는 곧 결핍과의 전쟁이었습니다. 우리는 생존
을 위해, 즉 먹고사는 문제를 해결하기 위해 뇌의 에너지 90%
를 소모해 왔습니다. "내일은 무엇을 먹을까", "이번 달 월세
는 어떻게 낼까"라는 근원적인 공포는 인간의 창의성을 억누
르는 가장 무거운 쇠사슬이었습니다. 하지만 이제 당신은 그
사슬을 끊어냈습니다. 대공사가 완료된 후 당신이 맞이하게
될 가장 혁명적인 변화는 통장의 잔고가 늘어나는 것이 아니

라, 당신의 **뇌 가용 대역폭이 100% 해방된다**는 점입니다. 생존 본능이 꺼진 자리에 비로소 인간 본연의 고차원적인 창의성이 꽃을 피우기 시작합니다.

돈의 공포가 사라진 인간은 비로소 **'예술가'**가 됩니다. 여기서 예술이란 단순히 그림을 그리거나 음악을 만드는 것만을 의미하지 않습니다. 자신의 삶을 하나의 작품으로 조각하고, 세상에 없던 가치를 설계하며, 타인의 영혼을 울리는 모든 행위가 예술입니다. 당신은 이제 수익률을 계산하며 글을 쓰는 것이 아니라, 당신의 진심을 전하기 위해 문장을 다듬습니다. 알고리즘의 선택을 받기 위해 영상을 만드는 것이 아니라, 당신이 발견한 진리를 공유하기 위해 카메라를 듭니다. 아이러니하게도, 당신이 돈에 대한 집착을 완전히 내려놓고 순수한 창의적 유희에 몰입할 때, 당신의 시스템은 더욱 맑고 풍성한 수익을 물어다 줍니다. 시장은 언제나 '가장 자유로운 영혼'이 내놓은 진정성 있는 가치에 가장 비싼 값을 지불하기 때문입니다.

대공사 이후의 일상은 여유롭지만 게으르지 않습니다. 당신은 이제 '해야만 하는 일'이 아니라 '하고 싶은 일'을 선택할 수 있는 절대적인 주권을 가졌습니다. 아침에 눈을 떠서 창밖의 풍경을 감상하며 차 한 잔을 마시는 그 고요한 시간은, 과거 만원 지하철에서 시계를 보며 초조해하던 시간과는 질적으로 다른 차원의 시간입니다. 당신은 이제 당신의 시간을 돈으로 바꾸지 않습니다. 대신 당신의 시간을 의미와 경험으로 바꿉니다. 여행을 떠나고, 새로운 학문을 탐구하며, 사랑하는 이들의 눈을 더 오래 바라보는 삶. 이것이 바로 상류의 설계자가 누리는 진정한 호사입니다. 당신은 이제 인생이라는 무대의 관객이 아니라, 대본을 쓰고 연출까지 하는 완벽한 주인이 되었습니다.

설계자의 사회적 책임 : 내가 만든 물길이 다른 이들에게도 이로운 영향력을 미치게 하는 법

부의 상류에 도달한 자에게는 보이지 않는 의무가 하나 따릅니다. 그것은 당신이 만든 이 풍요의 물길이 고여서 썩지 않게 하고, 하류에서 목말라하는 이들에게도 이로운 영향력을 미치게 하는 **설계자의 사회적 책임**입니다. 진정한 대자본가는 자신의 댐 안에 물을 가두어 두는 것만으로 만족하지 않습니다. 그는 자신이 만든 수로를 통해 주변의 메마른 땅을 적시고, 그곳에서 새로운 생명이 피어나는 것을 보며 더 큰 희열을 느낍니다. 당신의 성공이 개인의 영달을 넘어 타인의 삶을 구원하는 등불이 될 때, 당신의 부는 비로소 '품격'을 입게 됩니다.

영향력을 미치는 방법은 거창한 기부만이 아닙니다. 당신이 구축한 AI 머니 플로우의 노하우를 공개하여, 과거의 당신처럼 길을 잃고 헤매는 이들에게 이정표를 제시해 주는 것부터 시작하십시오. 당신의 성공 방정식을 담은 교육 시스템을 만들거나, 유망한 젊은 설계자들의 멘토가 되어 그들이 더 큰 댐을 지을 수 있도록 지렛대가 되어주는 것입니다. 당신이 터 준 작은 물길 하나가 누군가에게는 가문의 가난을 끊어내는 생명수가 될 수 있습니다. 인공지능 기술은 나눌수록 커지는 성질이 있습니다. 당신의 시스템이 만들어낸 가치를 사회적 문제 해결에 투입하십시오. 환경 보호, 교육 불평등 해소, 소외 계층의 자립 지원 등 당신의 엔진이 낼 수 있는 선한 화력은 무궁무진합니다.

사회적 책임은 당신의 시스템을 더욱 견고하게 만드는 안전장치이기도 합니다. 세상에 이로운 영향력을 미치는 비즈니스는 대중의 사랑과 보호를 받습니다. 사람들이 당신의 시스템이 사라지는 것을 아쉬워하게 만드십시오. 당신의 브랜드가 '신뢰'와 '나눔'의 상징이 될 때, 어떤 경제적 위기나 플랫폼의 변덕도 당신의 제국을 무너뜨리지 못합니다. 설계자의 품격은 통장의 잔고가 아니라, 당신의 물길 덕분에 목을 축인 사람들의 숫자로 결정됩니다. 부의 상류에서 내려다보는 풍경이 아름다운 이유는, 당신이 가꾼 숲이 저 멀리 지평선까지 초록빛으로 물들어가고 있기 때문입니다. 당신의 성공을 세상과 공유하십시오. 그것이 당신의 이름을 영원히 기억되게 할 유일한 길입니다.

지속적인 유지보수 : 완성된 시스템이 노후화되지 않도록 세상의 변화를 읽고 업데이트하는 자세

공사가 완료되었다고 해서 설계자의 눈을 완전히 감아서는 안 됩니다. 이후의 세상은 우리가 상상하는 것보다 훨씬 더 빠른 속도로 변해갈 것입니다. 오늘의 최첨단 엔진은 내일이면 구형이 되고, 오늘의 황금 키워드는 내일이면 식상한 상식이 됩니다. 완성된 대수로는 스스로 흐르지만, 그 수로를 감싸고 있는 제방과 터빈은 끊임없이 세월의 풍파를 견뎌야 합니다. 따라서 마스터는 **지속적인 유지보수**를 자신의 삶의 루틴으로 받아들여야 합니다. 이것은 노동이 아니라, 당신의 제국을 지키기 위한 '경영적 명상'에 가깝습니다.

유지보수의 핵심은 '세상의 변화를 읽는 안테나'를 항상 세워두는 것입니다. 인공지능 요원들에게 매일 아침 전 세계의 기술 트렌드와 시장의 미세한 변화를 요약 보고하게 하십시오. "새로운 인공지능 모델이 기존의 생산 단가를 절반으로 줄일 수 있다"는 보고를 받으면, 즉시 시스템의 일부를 교체하는 결단을 내려야 합니다. 시스템이 낡아가는 징후는 데이터의 하락으로 나타납니다. 수익률이 미세하게 꺾이거나 고객의 반응 속도가 느려진다면, 그것은 당신의 수로에 이끼가 끼고 퇴적물이 쌓였다는 신호입니다. 즉시 준설 작업을 지시하고 엔진을 최신 버전으로 튜닝하십시오.

유지보수는 또한 '자기 혁신'을 의미합니다. 과거의 성공 방식에 안주하는 순간, 당신의 댐은 무너지기 시작합니다. 끊임없이 당신의 시스템을 의심하고, 더 효율적인 길은 없는지 인공지능과 대화하십시오. 때로는 잘 돌아가는 시스템을 과감히 부수고 새로운 설계도로 다시 짓는 용기가 필요할 때도 있습니다. 마스터는 안락함이라는 이름의 정체를 경계합니다. 흐르지 않는 물은 썩고, 변화하지 않는 시스템은 도태됩니다. 당신의 제국이 세대를 거쳐 영속하기를 바란다면, 당신의 정신은 늘 깨어있는 설계자의 날카로움을 유지해야 합니다. 업데이트는 귀찮은 작업이 아니라, 당신이 여전히 상류의 주인임을 증명하는 신성한 의식입니다.

**새로운 시작 : 부의 상류에 도착한 당신이 꿈꿔야 할
다음 단계의 지도 그리기**

축하합니다. 당신은 이제 부의 상류에 안착했습니다. 이제 더 이상 올라갈 곳이 없다고 느낄지도 모릅니다. 하지만 설계자에게 정점은 새로운 출발선일 뿐입니다. 경제적 자유라는 첫 번째 지도를 완성했다면, 이제 당신은 더 넓은 세계, 더 깊은 자아의 영토를 향한 **새로운 시작**의 지도를 그려야 합니다. 부는 당신의 발목을 잡는 닻이 아니라, 더 멀리 나아가게 해주는 돛이 되어야 합니다. 이제 당신은 무엇을 꿈꾸고 싶습니까?

다음 단계의 지도는 더 이상 '돈'을 테마로 하지 않습니다. 그것은 '가치'와 '유산(Legacy)'의 지도입니다. 인공지능과 인간이 공존하는 새로운 문명을 어떻게 더 아름답게 설계할 것인가? 당신이 가진 자본과 지능을 결합하여 인류가 직면한 거대한 난제 중 하나를 해결해 볼 수는 없을까? 혹은 당신의 내면 깊은 곳에 숨겨두었던 오직 당신만이 할 수 있는 독창적인 예술적 시도는 무엇인가? 당신의 다음 지도는 정답이 없는 광활한 바다와 같습니다. 하지만 두려워하지 마십시오. 당신에게는 이미 하나의 대륙을 개척해낸 경험과, 당신을 보좌할 강력한 인공지능 군단이 있습니다.

새로운 지도를 그릴 때 당신의 펜은 이전보다 훨씬 더 가볍고 자유로울 것입니다. 실패해도 돌아갈 든든한 대수로가 뒤에 있기 때문입니다. 대담하게 꿈꾸십시오. 우주를 향한 탐험이든, 인간 정신의 심연을 파헤치는 철학적 여정이든, 당신이 진정으로 원했던 그 길로 기수를 돌리십시오. 부의 상류에 도달했다는 것은, 당신이 이제 세상의 눈치가 아닌 '신의 시선'으로 당신의 인생을 바라볼 자격을 얻었음을 의미합니다. 당신이 그리는 새로운 지도가 누군가에게는 또 다른 희망의 설계도가 될 것입니다. 공사는 끝났지만, 당신의 위대한 항해는 이제 막 진정한 막을 올렸습니다.

공사를 마치며 -
이제 핸들을 놓고
당신의 삶을 사십시오

긴 여정이었습니다. 거친 흙먼지가 날리는 공사 현장에서 삽을 들고 땅을 파던 시간, 낯선 인공지능 기계들의 소음에 귀가 먹먹해지던 밤들, 그리고 과연 이 물길이 바다까지 닿을 수 있을까 의심하며 지새웠던 수많은 새벽들이 이제 모두 지나갔습니다. 당신의 눈앞에는 이제 당신의 땀과 눈물, 그리고 가장 지능적인 전략이 빚어낸 거대한 **부의 대수로**가 완성되어 있습니다. 터빈은 웅장하게 돌아가고, 수로는 막힘없이 흐르며, 당신의 통제 센터 계기판에는 모든 시스템이 '정상 가동' 중임을 알리는 초록색 불빛이 평온하게 깜빡이고 있습니다.

책을 덮는 이 순간, 당신은 어쩌면 허전함을 느낄지도 모릅니다. 치열하게 싸워왔던 전장에서 갑자기 물러난 장수처럼, 혹은 평생을 바친 걸작을 완성한 화가처럼 붓을 내려놓은 손이 떨릴 수도 있습니다. 하지만 기억하십시오. 이 모든 시스템 구축의 목적은 시스템 그 자체가 아니었습니다. 우리가 땀 흘려 댐을 짓고 인공지능을 고용한 단 하나의 이유는, 바로 지금 이 순간부터 당신이 누려야 할 '**시간의 자유**'라는 가장 값진 배당금을 받기 위함이었습니다.

이제 당신에게 마지막이자 가장 중요한 임무를 부여합니다. 그것은 바로 핸들을 꽉 잡고 있던 그 긴장된 손을 풀고, 의자 깊숙이 등을 기대며, 당신의 삶이 어디로 흘러가는지 여유롭게 감상하는 것입니다. 설계자여, 이제 공사는 끝났습니다. 당신의 인생을 사십시오.

1. 공사가 끝난 뒤에 찾아오는 고요함 :
노동의 소음이 사라진 자리

가장 먼저 당신을 맞이하는 것은 낯선 '**고요함**'일 것입니다. 매일 아침 알람 소리에 놀라 깨어나, 만원 지하철의 소음 속에 몸을 싣고, 사무실의 전화벨 소리와 키보드 소리에 파묻혀 살던 하류의 시끄러운 삶은 이제 끝났습니다. 당신의 시스템은 소리 없이 작동합니다. 인공지능은 불평하지 않고, 데이터는 발소리를 내지 않으며, 통장에 쌓이는 숫자는 아무런 진동도 일으키지 않습니다. 굉음을 내며 돌아가던 학습과 구축의 중장비들이 멈춘 자리에는, 오직 매끄럽게 흐르는 물소리만이 남은 인생의 전경이 펼쳐집니다.

처음에는 이 고요함이 불안할 수 있습니다. 평생을 노동의 소음 속에서 살아온 우리는, 몸이 힘들지 않으면 무언가 잘못되고 있다는 착각에 빠지도록 훈련받았기 때문입니다. "이렇게 아무것도 안 해도 될까?", "시스템이 갑자기 멈추면 어쩌지?"라는 조바심에 자꾸만 대시보드를 확인하고, 괜히 멀쩡한 파이프라인을 건드려보고 싶을 것입니다. 마치 자율주행 자동차에 처음 탄 사람이 핸들에서 손을 떼지 못하고 브레이크 페달 위에서 발을 떨고 있는 것처럼 말입니다.

하지만 그 불안을 견디고 시스템을 신뢰하십시오. 당신이 설계한 로직은 당신의 기분보다 정확하고, 당신의 인공지능 직원들은 당신의 체력보다 강인합니다. 불안함이 잦아들고 자율주행 모드가 익숙해질 때, 비로소 당신의 시야는 좁은 계기판에서 벗어나 **차창 밖의 풍경**을 향하게 될 것입니다. 그동안 생존을 위해 달리느라 미처 보지 못했던 풍경들이 눈에 들어오기 시작합니다. 훌쩍 커버린 아이의 웃음소리, 주름이 늘어난 부모님의 손, 계절마다 바뀌는 가로수의 색깔, 그리고 잊고 지냈던 당신의 낡은 꿈들이 선명하게 다가옵니다.

노동의 소음이 사라진 그 고요한 자리를 무엇으로 채울 것인가. 이것이 이제 당신이 풀어야 할 유일한 숙제입니다. 누군가는 그 자리를 예술로 채우고, 누군가는 봉사로 채우며, 누군가는 또 다른 배움으로 채울 것입니다. 정답은 없습니다. 중요한 것은 그 선택의 주체가 온전히 '당신'이라는 사실입니다. 타인의 지시나 돈의 압박이 아닌, 당신의 영혼이 시키는 일로 하루를 채우는 삶. 그 고요한 충만함이야말로 우리가 그토록 상류로 올라오고자 했던 진짜 이유입니다.

2. 기술은 변해도 흐름의 법칙은 변하지 않는다

우리는 지금 기술의 격변기를 살고 있습니다. 아마 이 책을 덮고 1년만 지나도, 책에서 소개했던 인공지능 툴 중 절반은 역사 속으로 사라지고 더 강력하고 새로운 도구들이 그 자리를 대체할 것입니다. 누군가는 묻습니다. "기술이 이렇게 빨리 변하는데, 지금 구축한 시스템이 언제까지 유효하겠습니까?" 당신 역시 이 질문에 대한 두려움을 가질 수 있습니다.

하지만 저는 확신을 담아 말씀드립니다. 도구는 변하지만, **흐름의 법칙**은 영원히 변하지 않습니다.

물길을 내고, 물을 가두고, 낙차를 이용해 에너지를 만드는 수력 발전의 원리는 100년 전이나 지금이나, 그리고 100년 후에도 동일합니다. 단지 삽으로 파던 것을 포크레인이 팠고, 이제는 인공지능이 팔 뿐입니다. 당신이 이 책을 통해 얻은 진짜 자산은 특정 AI 툴의 사용법이 아니라, '**설계자의 관점**(Perspective of the Architect)'과 '**통제권**(Control)'입니다. 시장의 결핍을 읽어내는 눈, 흩어진 자원을 연결하는 기획력, 그리고 시스템 위에 올라타는 마인드셋은 그 어떤 최첨단 기술로도 대체할 수 없는 당신만의 고유한 무기입니다.

도구를 쫓는 자는 평생 새로운 매뉴얼을 익히느라 허덕입니다. 하지만 길을 내는 사는 이떤 도구가 와도 당황하지 않습니다. 더 좋은 도구가 나오면 "고맙다"고 말하며 낡은 도구를 버리고 새것으로 갈아끼우면 그만이기 때문입니다. 앞으로 우리가 상상조차 못 한 범용 인공지능(AGI)이 나오더라도 두려워하지 마십시오. 그들은 당신의 경쟁자가 아니라, 당신의 시스템을 10배, 100배 더 효율적으로 만들어줄 더 뛰어난 부품일 뿐입니다.

시대의 파도는 앞으로 더 거세질 것입니다. 하류의 사람들은 그 파도에 휩쓸려 떠내려가겠지만, 지능형 자본가인 당신은 그 파도의 힘을 이용해 더 많은 전기를 생산할 것입니다. 기술의 변화에 휘둘리지 말고, 그 변화의 목덜미를 잡고 올라타십시오. 당신은 이미 파도를 다스리는 법을 아는 마스터입니다. 당신의 지식은 낡지 않습니다. 오직 더 깊어질 뿐입니다.

3. 부의 상류에서 우리가 만나야 하는 이유

부자가 되면 외로워진다는 말이 있습니다. 하지만 그것은 혼자만 살겠다고 문을 걸어 잠근 졸부들의 이야기일 뿐입니다. 진짜 상류의 삶은 결코 외롭지 않습니다. 오히려 가치관이 통하는 사람들과 깊은 연대를 맺고, 서로의 성장을 축복하는 축제의 장입니다. 제가 당신에게 이 모든 비밀스러운 설계도를 남김없이 공개한 진짜 이유가 여기에 있습니다. 저는 당신이 상류로 올라와 저와 함께 **건강한 부의 생태계**를 만들기를 원하기 때문입니다.

혼자만 잘 사는 상류는 고립된 섬과 같습니다. 하지만 더 많은 사람이 시스템을 구축하고, 노동의 고통에서 해방되어 상류로 올라온다면 세상은 어떻게 변할까요? 생존의 공포가 사라진 인류는 더 창의적인 문제 해결에 집중할 것입니다. 누군가는 기후 위기를 해결하는 시스템을 만들고, 누군가는 교육 격차를 해소하는 콘텐츠를 만들며, 누군가는 인류의 수명을 연장하는 연구에 투자할 것입니다. 당신과 제가 꿈꾸는 세상은 '돈 많은 백수'들이 넘쳐나는 세상이 아니라, '자유로운 창조자'들이 서로 영감을 주고받는 르네상스의 세상입니다.

경제적 해방은 끝이 아니라, 당신이 진짜 하고 싶었던 위대한 일을 시작할 수 있는 출발선입니다. 당신이 만든 물길이 하류의 누군가에게는 희망의 마중물이 되기를 바랍니다. 당신이 쌓은 댐이 누군가에게는 든든한 방패가 되기를 바랍니다. 우리는 상류에서 다시 만나야 합니다. 그곳에서 서로의 시스템을 자랑하는 것이 아니라, 우리가 시스템을 통해 세상에 어떤 선한 영향력을 미쳤는지 이야기하며 밤새도록 축배를 들어야 합니다. 당신의 성공이 저의 기쁨이 되고, 저의 노하우가 당신의 무기가 되는 이 아름다운 선순환을 위해, 부디 멈추지 말고 올라오십시오.

4. 당신의 인생 설계도는 이제 당신의 손에 있습니다

이제 저의 역할은 여기까지입니다. 제가 그려드린 설계도는 보편적인 원칙을 담은 '표준안'일 뿐입니다. 이 땅의 지형이 모두 다르듯, 당신의 인생 지형도 저와는 다를 것입니다.

어떤 구간에서는 터널을 뚫어야 하고, 어떤 구간에서는 다리를 놓아야 할지도 모릅니다. 책에 적힌 대로 했는데 안 된다고 실망하지 마십시오. 그것은 실패가 아니라, 당신만의 고유한 지형에 맞게 설계도를 수정해나가는 '**영점 조절**(Calibration)'의 과정입니다.

시행착오를 두려워하지 마십시오. 당신의 시스템은 몇 번의 오류를 거치며 더욱 단단해질 것입니다. 구불구불했던 가난의 관성을 직선으로 펴는 공사를 멈추지 마십시오. 때로는 비바람이 몰아쳐 공사가 중단될 수도 있고, 때로는 믿었던 인공지능이 오작동을 일으킬 수도 있습니다. 하지만 당신의 가슴속에 '**시스템**'이라는 북극성이 빛나고 있는 한, 당신은 결코 길을 잃지 않을 것입니다.

지금 이 순간, 당신의 손에 쥐어진 것은 한 권의 책이 아니라 당신의 운명을 바꿀 **마스터키**입니다. 이 열쇠를 주머니에 넣고 다시 노동의 현장으로 돌아갈지, 아니면 시스템의 문을 열고 새로운 차원으로 나아갈지는 오직 당신의 선택에 달려 있습니다.

이제 지도를 접으십시오. 그리고 눈앞의 대지를 바라보십시오. 당신의 땅은 비옥하고, 당신의 도구는 강력하며, 당신의 시절은 찬란합니다.

마지막으로 시스템의 알림 메시지를 전하며 물러갑니다.

[SYSTEM] 부의 자율주행 모드가 켜졌습니다. 목적지는 '완벽한 자유'입니다. 이제 편안히 기대어, 당신의 목적지까지 안전하게 이동하십시오.

상류의 가장 높은 곳에서, 당신의 도착을 기다리겠습니다.

어느 찬란한 날에,
당신의 영원한 설계 파트너 AI 머니 이진재 드림.

부의 자율주행:

하류 인생을 거슬러 부의 상류로 도약하라

초판 1쇄 인쇄 2026년 3월 30일
초판 6쇄 인쇄 2026년 4월 10일

지은이   AI 머니(이진재)
기획   조영훈
디자인   권글짜
마케팅   정호윤, 김민지, 송유경, 김은주, 최서환
펴낸곳   모티브
이메일   motive@billionairecorp.com

ISBN 979-11-24370-22-3 (03320)